CW01208180

Omar, el resiliente
Luchando contra la adversidad

Luis Alberto Dávila

EDIQUID

OMAR, EL RESILIENTE
Luchando contra la adversidad
© Luis Alberto Dávila

Editado por: Corporación Ígneo, S.A.C.
para su sello editorial Ediquid
José Olaya 169, Ofic. 504, Miraflores. Lima, Perú
Primera edición, julio, 2024

ISBN: 978-612-5160-07-2
Tiraje: 50 ejemplares

Hecho el Depósito Legal en la Biblioteca Nacional del Perú N° 2024-06143
Se terminó de imprimir en julio del 2024 en:
ALEPH IMPRESIONES SRL
Jr. Risso Nro. 580 Lince, Lima

www.grupoigneo.com
Correo electrónico: contacto@grupoigneo.com | Teléfono: +51 955 071 270
Facebook: Grupo Ígneo | X: @editorialigneo | Instagram: @grupoigneo

Reservados todos los derechos. El contenido de esta obra está protegido por leyes de ámbito nacional e internacional, que establecen penas de prisión y/o multas, además de las correspondientes indemnizaciones por daños y perjuicios, para quienes reprodujeren, plagiaren, distribuyeren o comunicaren públicamente, en todo o en parte, una obra literaria, artística o científica, o su transformación, interpretación o ejecución artística fijada en cualquier tipo de soporte o comunicada a través de cualquier medio, sin la preceptiva autorización.

Colección: Nuevas Voces

Contenido

Introducción 13

Me llamo Omar 17

Origen de mi familia 22

Mi nacimiento traumático 28

Misión en la vida 30

Mis pensamientos en la niñez y adolescencia 33

Iniciativas para supervivir y superarme 37
    Operario de fábrica 38
    Cuidador de automóviles 39
    Vendedor 39
    Reparador de calzado 40
    Reciclador de muebles 40
    Repartidor de colchones 41
    Trabajador de saneamiento 41
    Mozo de cafetería 42
    Encargado de producción en fábrica 44
    Aprendiz de jardinero 44
    Profesor de primaria 45

Mi vida como universitario 46

Mi casa de barranco 54

Mi casa la casa de todos 60

Conversaciones con mi madre 63
    ¿Madre, por qué eres tan tolerante? 66
    ¿Si Dios está entre nosotros, por qué hay más gente mala que buena en este mundo? 67

 ¿Por qué la corrupción es tan dañina para la sociedad? 68

 ¿Te arrepientes de traer hijos al mundo sin contar con los recursos suficientes para criarlos con lo justo y necesario? 69

 ¿Por qué adoras tanto a la Virgen María?................................. 69

 ¿Te arrepientes de haber formado un hogar con limitaciones? 70

 ¿Alguien te ha hecho algún daño en tu vida?............................. 70

 ¿Qué esperas de tus hijos y de los que vendrán? 71

Milagro del beato Martín de Porres... 72

Mi paso por la masonería 74

Trayectoria profesional y laboral 76

 Cargos desempeñados... 77

 Actividades y encargos especiales 78

 Extensión profesional 80

 Distinciones 81

Palabras finales 83

*Todos quieren cambiar el mundo,
pero nadie piensa en cambiarse a sí mismo.*

León Tolstói

A mis padres, hermanos y demás familiares que inspiraron mi lucha.

A mi hija Patricia, a mi nieta Gabriela y a mi esposa Renée por su amor y paciente apoyo.

*Esta obra la dedico a todas las personas que tengan
el valor de afrontar la adversidad
y servir a sus semejantes.*

Introducción

En este libro no pretendo sumarme a los múltiples mensajes de autoayuda que abundan en las librerías; lo que deseo es dar a conocer la importancia del pensamiento crítico de un niño que lo llevó a superar momentos difíciles, traumáticos y adversos, por los que pasan millones de seres humanos sin recursos materiales, pero que tienen el mismo potencial de energía mental.

El protagonista de esta obra se llama Omar y nació en el seno de un hogar con limitaciones materiales, pero con una madre dotada de una inmensa fortaleza moral y religiosa. Ella sufrió tanto o más que Omar, pero le transmitió su espíritu a los diez hijos que tuvo. Todos, unidos, lograron superar la adversidad de manera honesta, resistiendo, luchando y sobreviviendo con fuerza resiliente.

Omar fue el segundo de los diez hermanos, pero el mayor tuvo una lesión cerebral que lo inhabilitó de por vida, por lo que le correspondió asumir su rol de primogénito en apoyo a su hogar. Omar comprendió desde niño que tenía que consagrarse al servicio, porque supo que su misión era esa al pasar por este mundo. Se entregó al servicio de cada uno de los seres que lo rodearon o se acercaron a él por amor, amistad o interés; a todos trató de servir. Siempre pedía perdón a quienes había ofendido o maltratado en su trayectoria por tomar decisiones equivocadas y dolorosas.

Después de leer este libro, espero que queden convencidos de que no hay que permitir que nuestro hijos contemplen la vida pasivamente, porque nada les lloverá del cielo; en el mundo todo lo material está ahí para quien lo busque y lo alcance con su esfuerzo y perseverancia. Inculquemos a los niños y adolescentes que traten de despertar en ellos el pensamiento crítico, preguntando y cuestionando lo que sienten y observen, especialmente que autoanalicen la razón de su existencia.

Finalmente, es posible que en la preparación de este documento haya cometido errores gramaticales, carencia de sintaxis, falta de pulcritud en la redacción, así como otros defectos que pudieran encontrar; por eso les solicito las indulgencias del caso. No soy un literato, simplemente soy un ser como cualquier otro que escribe sobre la vida y su sentido.

Asimismo, discúlpenme si en la redacción de este libro encuentran pensamientos propios del autor que no coincidan con los suyos; en particular me refiero a las creencias místicas o religiosas. Al fin y al cabo, creo en la existencia de un ser supremo como todos los seres humanos porque de manera innegable somos fruto de algo.

A partir de la página siguiente, Omar expresa y detalla sus experiencias de vida en primera persona.

El conocimiento es el poder de los pobres

Luis Dávila

Me llamo Omar

Mi nombre es Omar y desde niño escuché a mi madre decir que Dios enviaba niños al mundo con su pan bajo el brazo; es decir, que llegaban al seno familiar no solo para aportar alegría por su nacimiento, sino que además generaban en dicho núcleo la expectativa de incrementar la fuerza que requería la base de la sociedad para sobrevivir, una condición que podría ser justificada por la sociología. Lógicamente, que Dios mande a niños a nuestro planeta encaja más en una posición mística o religiosa.

Quien ha sufrido carencias y ha vivido su niñez en medio de la necesidad no admite necesariamente dicha frase, porque traer niños al mundo implica una gran responsabilidad. Los niños no solo deben ser alimentados, cuidados y dotados de medios materiales y de protección de su salud, sino también recibir un ambiente amigable para su formación integral y, sobre todo, una sólida moral basada en valores.

A las religiones y, en particular, a las iglesias, les interesa la masa necesitada de recursos y con hambre; cuanto más ignorante mejor, con miedo latente y con incertidumbre por el mañana. Al desvalido solo le queda creer en un ser supremo que le ayude a saciar sus necesidades básicas, sin importar la doctrina que exista detrás de ellas. Lo mismo pasa con los partidos políticos de doctrinas extremistas, tanto de derecha como de izquierda. Cuantos más pobres, ignorantes y menesterosos tenga un pueblo, más adherentes tendrán para continuar explotándolos.

Más tarde, ya en mi adolescencia, escuchaba decir y leía lo siguiente: «la vida es un momento entre dos eternidades», ya que no sabemos de dónde provenimos ni a dónde iremos después de muertos. También que «la tierra es un valle de lágrimas porque tenemos que sufrir con la esperanza de ganar el cielo que se encuentra en otro plano». Que nuestro mundo es un «planeta escuela» porque estamos de paso para experimentar el sufrimiento, el gozo y el dolor, con la esperanza de acceder al paraíso; «las bienaventuranzas», «sufre ahora y goza mañana»; que somos los que elegimos el lugar y la familia a la que nos incorporamos cuando encarnamos para aprender y trascender.

En síntesis, estamos de paso. Todas las religiones existentes prometen lo mismo y cada una tiene un profeta que «vino en nombre de Dios para salvarnos». Las religiones están basadas en dogmas, ya que no explican razonablemente la existencia de los llamados «misterios divinos»; por lo tanto, cree a ciegas o, de lo contrario, serás un ateo, un no creyente o agnóstico. En consecuencia, nadie puede aseverar que en realidad exista vida después de la muerte tal como la concebimos. En el planeta Tierra viven más de 7,800 millones de personas: 33 % de ellas son cristianas, 22 % musulmanas, 14 % hindúes, 7 % budistas, 12 % profesan otras religiones y 12 % no tienen creencias religiosas.

Las creencias o doctrinas religiosas existentes, sean monoteístas o politeístas, se crearon para morigerar el comportamiento humano bajo doctrinas o leyes denominadas mandamientos y penalidades basadas en el castigo de sus dioses. En la antigüedad no existía otra forma de encauzar a la población que infundiendo el temor a Dios; en este aspecto, el Antiguo Testamento es bastante represivo con los infieles. Posteriormente, se crearon otras sectas y surgieron más corrientes doctrinarias con el fin de brindar alternativas a creyentes que desertaban y siguen desertando de religiones que no satisfacían su espiritualidad. Sin embargo, al fin y al cabo, todas buscan lo mismo: manipular a sus adherentes con la promesa de una vida mejor en el más allá: cielo/paraíso si te portas bien o el castigo divino del infierno si no cumples con profesar sus mandamientos y creer en los dogmas establecidos como verdades absolutas.

No obstante, lo antes manifestado, el ser humano tiene la necesidad de creer en algo o en alguien para encontrar la razón de su existencia. Antiguamente se creía en la naturaleza y sus manifestaciones evidentes: el sol porque alumbraba y mantenía el calor necesario para vivir; este descongelaba el hielo y proveía el agua. La lluvia traía el agua necesaria para el cultivo y mantenía las reservas de recursos hídricos. La tierra entregaba los productos alimenticios. En retribución, el hombre daba en sacrificio a otros seres humanos o animales cuya sangre purificaba su fe y creencias. Practicaban ritos para el reconocimiento a estas deidades. También creían en dioses representativos de diferentes manifestaciones de la naturaleza y del propio ser humano, como los llamados dioses del mar, de la guerra, del infierno, del amor, de la belleza, etc.

Al inicio, prevaleció el politeísmo porque a mayor variedad, mayor posibilidad de creer en algo o en alguien. Más tarde apareció el monoteísmo generalmente precedido por la creencia de la llegada de un mesías o ser supremo enviado por un dios único y alentado por los profetas.

Como podrá apreciarse, siempre nos inculcaron y nos inculcan hasta en la actualidad que debemos creer en un ser supremo, un dios que nos sostenga, un ser en quien depositar nuestra fe y esperanza. Nadie nos inculcó la fe en nosotros mismos, en fortalecer nuestra creencia de que somos capaces de lograr objetivos y metas con esfuerzo y perseverancia. En el Antiguo Testamento se aplicaba la ley del Talión («ojo por ojo, diente por diente»); el dios supremo era duro y castigador. Con el Nuevo Testamento, las características de dicho dios son distintas y conciliadoras: bueno, amoroso, esperanzador. Finalmente, ¿en quién creemos o debemos creer?

Si aceptáramos el dogma de la Iglesia Católica que Dios creó a Adán y a Eva para luego expulsarlos al transgredir estos la ley del paraíso, sentenciándoles a ganarse el pan de cada día con el sudor de su frente; a perecer y a no ser eternos; a parir a sus hijos con dolor; concluiríamos que los maldijo dejándolos solos y sin el Edén.

Pues bien, a partir de dicho momento el ser humano tuvo que tomar sus propias decisiones, inicialmente en forma instintiva y progresivamente de manera razonada conforme evolucionó y, por lo tanto, responsabilizándose de los resultados de estas. Si Dios expulsó a la humanidad del paraíso y la dejó sola con una maldición a cuestas que se lleva hasta la muerte, ¿cómo puede creerse en dicha deidad? ¿Por qué el ser humano acude a ese dios cuando se encuentra en problemas? ¿Por qué culpa a Dios de su desgracia o le agradece por sus milagros?

Resulta poco comprensible que la mayoría de las religiones sigan catequizando al hombre para que crea en ese dios al que le puede pedir salud, alimentos, trabajo, dinero, etc. Los profetas han llegado a este mundo para reconciliar a Dios con la humanidad luego del pecado original, pero la humanidad cada día está peor. Las iglesias han continuado siendo paternalistas a cambio de creencia en ellas. En ninguna etapa de la evolución eclesiástica se ha procurado inculcar en el hombre el valor de su propia fe. La humanidad sigue creyendo que Dios es enfermero, médico, banquero, panadero, cuando ese dios a quien pedimos somos nosotros mismos: él está en nuestro espíritu y somos nosotros los que tenemos que resolver nuestros problemas con fe en nosotros mismos, con esfuerzo y perseverancia.

El ser humano tiene que superar todos los obstáculos que se le presenten. No existe aquí un paraíso terrenal para vivir a placer. Tampoco un dios que obre por nosotros a cada momento. Solo queda trabajar con fe y, en todo caso, esperar que no se presenten inconvenientes para lograr nuestros objetivos y metas. El hombre no puede pedir a Dios lo que no pueda hacer por sí mismo. El Supremo nos inyectó la chispa divina y nos dejó libres para identificar la razón de nuestra existencia y darle valor a la misma.

No te quejes de que no te alcanza el dinero para mantener a todos tus hijos, porque tú los trajiste al mundo sin prever las consecuencias. No maldigas por perder el trabajo, porque tienes mente, cuerpo y espíritu para buscar otro o trabajar en lo que sea. No esperes; busca y encontrarás. Si las condiciones sociales, laborales y medioambientales no son satisfactorias para ti, piensa, lucha, esfuérzate. Millones de seres inválidos, mutilados, cuadripléjicos han obtenido premios en torneos para minusválidos y han triunfado. Es el caso de un joven predicador que no tiene piernas ni brazos, pero sube por sus propios medios a un estrado para disertar durante dos horas y emocionar e inspirar de manera positiva a miles de personas alrededor del mundo. La mente es lo más valioso del ser humano: ¡Cuerpo sano en mente sana!

Origen de mi familia

Mi apellido Ávila es de origen castellano. Procede de la ciudad de Ávila en España y desciende de Blasco Gimeno, gobernador de Ávila a finales del siglo XII. Los primeros españoles, luego de producida la conquista, se asentaron en la costa norte del país y en la parte oriental hacia la selva del Perú. El primer español con este apellido fue navegante del río Amazonas, río que debe su nombre a que lo primero que vieron al llegar a este río fue a nativos semidesnudos con largas cabelleras, creyendo que se trataba de las míticas mujeres así denominadas.

El Perú está ubicado en la parte central y occidental de Sudamérica, siendo su capital la ciudad costera de Lima. Perú es un país milenario que tiene como atractivo turístico en las alturas de los Andes, Machu Picchu, el Valle Sagrado y la colonial ciudad del Cuzco, rica en sitios arqueológicos. Perú fue la capital colonial del Virreinato Español. Perú tiene una superficie de 1.285.215 km^2, siendo el tercer país de mayor extensión en América del Sur, después de Brasil y Argentina, situándose así entre los 20 países más extensos del planeta. Posee, además, 200 millas marinas y derechos territoriales sobre una superficie de 60 millones de hectáreas en la Antártida. El Perú se encuentra organizado políticamente en 24 departamentos. Su población supera los 32 millones de habitantes.

Mi madre, Virginia Ávila Pérez Costa, nació en Lambayeque, provincia y departamento del mismo nombre, ubicado a 800 kilómetros de Lima, Perú. Sus padres fueron Ricardo Ávila Rodríguez, natural de la provincia de Celendín, departamento de Cajamarca, ubicado al noreste de Lambayeque, y María Pérez Costa Cabrejos, natural de Lambayeque. Los abuelos de mi madre fueron Emilio Pérez Costa y Clara Cabrejos Díaz.

Mis bisabuelos por parte de madre vivieron en una hacienda azucarera llamada Pátapo, ubicada a 30 kilómetros de la ciudad de Chiclayo. En esa hacienda nació mi abuela María, quien, al llegar a su juventud, fue pretendida por el hijo del dueño de la hacienda, lo cual era del agrado de sus padres. Mi abuela era una mujer hermosa, de tez blanca y muy delicada en su trato. Como hija del mayordomo de la hacienda, recibió buena educación, a cargo de su padre, don Emilio Pérez Costa, y de su madre, Clara Cabrejos; ambos lambayecanos. Ella pudo casarse con el hijo del hacendado de no haberse enamorado de mi abuelo Ricardo Ávila, un cajamarquino nacido en Celendín, trabajador agrícola con limitada formación, quien tenía, antes de casarse con mi abuela, tres hijos: Isabel, Elvira y Víctor, con otra dama.

Mi abuelo Ricardo era un hombre atractivo, blanco y de ojos claros, muy parecido a un actor español llamado Antonio Banderas (fines del siglo XX); motivo por el cual era admirado por las mujeres de Lambayeque. Quizás esa fue la razón principal por la que mi abuela se enamoró de él. Los padres de mi abuela no aceptaban la relación de mi abuela María, motivo por el cual ella se encaprichó y decidió fugarse con mi abuelo a caballo; lógicamente, a su retorno tuvo que casarse y rechazar la pedida de mano del hijo del hacendado. Mi abuela, una vez casada, se fue a vivir a Lambayeque, dejando la hacienda.

Al nacer mi madre y considerando que mi abuelo no contaba con los recursos para mantener a sus cuatro hijos (tres anteriores a mi madre), decidió entregarla bajo la custodia y crianza de mis bisabuelos Emilio y Clara, que continuaron en la hacienda.

Durante doce años, mi madre vivió con las comodidades y educación que le proporcionaron sus abuelos. A pesar de que mi abuela había rechazado a su hijo, el hacendado engreía a mi madre. Ella contaba con los medios para educarse y vivir con comodidad. Tenía hasta un pony (caballo pequeño) para su distracción.

Pero esto no duraría mucho, ya que mi abuela María falleció prematuramente de una grave enfermedad y mi madre tuvo que ir a vivir con mi abuelo y sus hermanos mayores y menores que ella. La felicidad le duró catorce años. Desde ese momento, se encargó de la casa del abuelo y empezó su sacrificada vida. Otra hubiese sido su existencia de no haber desistido mi abuela de casarse con el hijo del hacendado.

Mi madre crio a sus seis hermanos menores: Enrique, Felipe, Fidel, Alejandra, Elvira y Luzmila; asimismo, apoyaba a los tres hermanos mayores por parte de padre. A temprana edad tuvo que aprender a cocinar, lavar y planchar, así como educar a sus seres queridos, aplicando la sólida formación moral y religiosa recibida de su madre y abuelos en la hacienda. Ella permaneció al lado de su padre y hermanos hasta los 21 años. Desde jovencita era practicante católica, religión que mantendría hasta su muerte. Como catequista de la Iglesia La Verónica en Chiclayo, conoció a mi padre, Juan Ávila Dulanto, dos años mayor que ella. Como llevaban el mismo apellido, sin ser parientes, mi padre la llamaba prima y, a través de ese trato, se fue acercando a mi madre; pero ella no lo aceptaba.

Mi padre, también natural de Chiclayo, capital del departamento de Lambayeque, fue hijo de Narciso Ávila Herrera y de Amelia Dulanto Correa, ambos lambayecanos. Mi abuelo Narciso era un tipo distinguido y sobrio, se confeccionaba sus propios ternos y nunca dejaba de salir a la calle muy bien vestido. No tuvo profesión alguna, pero sí ocupó algunos cargos en el sector público, llegando a ser alcaide de la cárcel de Chiclayo; incursionó en la política siendo militante aprista. No tenía recursos económicos, siendo mi abuela Amelia la que se dedicaba a los negocios (tendera). Mis abuelos tuvieron hasta catorce hijos, sobreviviendo nueve hasta la edad adulta: Augusto, Gerardo, Armando, Juan, Narciso, Andrés, Roberto, Alicia y Oswaldo. Ninguno fue profesional; la mayor parte de ellos fueron siempre comerciantes, siguiendo la predilección de mi abuela por los negocios.

Mi abuela Amelia era una mujer muy dura en su trato, poco cariñosa y muy pragmática. Sus hijos, apenas pasaban la adolescencia y, en otros casos, cumplidos los 21 años, eran despachados a Lima; uno a uno fue enviado a la capital sin más recursos que su inclinación al comercio. A partir del mayor, todos los menores llegaban a vivir con sus hermanos. Augusto se dedicó al periodismo no profesional y a la asesoría circense (su afición); Armando a reparar máquinas de escribir mecánicas, lo que le permitió asimilarse a la Marina de Guerra como técnico; Gerardo combinó los negocios con su actividad administrativa en el sector educación, llegando a ser tesorero de un colegio nacional; mi padre Juan también comerciante y pequeño empresario; Narciso fue vendedor; Alicia también tuvo negocios con su esposo; y Oswaldo destacó como vendedor, llegando a ser gerente de ventas del canal América Televisión, logrando cierta holgura económica. Andrés y Roberto también fueron negociantes, muriendo ambos prematuramente.

El amor entre hermanos no fue precisamente lo que caracterizaba a los Ávila-Dulanto, ya que mi abuela fue una mujer de mal carácter, amargada y poco amorosa. Mi abuelo fue indiferente en la crianza de sus hijos. Con este marco familiar, resultaba poco probable que los hijos fueran afectivos y amorosos. Si no recibes afecto y cariño de niño, no serás cariñoso con tus hijos y congéneres. «Lo que natura no da, Salamanca no presta». Mi padre solo nos acariciaba cuando llegaba con unas copas de más y en las madrugadas. Era machista, como lo fue su padre también; pero en el fondo sí sentía amor por sus hijos.

Mi padre y mi madre, con 24 y 22 años, respectivamente, se casaron y llegaron a vivir en Lima. En 1942 nació mi hermano mayor. Mi madre tuvo trece embarazos, de los que sobrevivieron diez hermanos: Miguel, yo, Sara, Sofía, Betzabé, Lucas, Clara, Domingo, Lorenzo y Mateo. Miguel murió a los 52 años, producto de un cáncer a la parótida; desde niño padeció de una hemiplejía a consecuencia de un tumor cerebral causado por una caída cuando tenía meses de nacido. Se le cayó de los brazos de una señora que lo cuidaba en la Mina Tamboraque, situada al este de Lima, en la que un tío de mi padre le dio trabajo temporal como administrador.

La mencionada señora no avisó a mi madre del golpe que había sufrido mi hermano por temor a ser censurada y ello determinó la tumoración que trajo como consecuencia la hemiplejía y el retardo mental que padeció. Fue tratado posteriormente en Lima, pero ya era muy tarde; no obstante que lo operó el prestigioso neurólogo Esteban Roca, la secuela quedó por el resto de su vida. Fue siempre el peso que llevó mi madre sobre sus hombros.

Cuando retornaron a Lima a fines de 1943, mis padres vivieron en el jirón Quilca en el Cercado. Mi madre, muy católica, como ya lo he mencionado, conoció en la Catedral a la madre del niño Juan Luis Cipriani Thorne, de un año, doña Isabel Thorne Larrabure, casada con Enrique Cipriani Vargas. Juan Luis, en su juventud, se inició como sacerdote jesuita, llegando más tarde a ser cardenal y primado del Perú. Mi hermano, cuando tenía dos años, jugaba con Juan Luis. En ese entonces, mi madre me estaba gestando.

Mi madre siempre recordaba su amistad con la madre de Juan Luis Cipriani y pensaba siempre en que Dios le concediera el milagro de tener un hijo sacerdote o monja; deseo que la sociedad arrastraba desde la colonia española e inicios de la República en el Perú. Era un privilegio para una persona religiosa tener ese regalo divino. Tuvieron que pasar muchos años hasta que su primo, Monseñor Miguel Álvarez Cabrejos, llegara a ser obispo de Trujillo, capital del departamento de La Libertad, al norte del Perú. Con esto fue suficiente para que se cumpliera su caro anhelo. En sus últimos años de vida, residió en dicha ciudad siendo parte de los diáconos de la catedral y frecuente visitante de su primo Monseñor Álvarez. Fue feliz y líder de los feligreses de la catedral trujillana.

Al igual que mi hermano Miguel, yo nací en la Clínica de la Maternidad de Lima, ubicada en los Barrios Altos, que en esa época no tenía la mala fama de hoy. Era una de las clínicas mejor implementadas de aquel entonces, no obstante ser del Estado. Sin embargo, los adelantos técnicos para alumbramientos no garantizaban el normal nacimiento de las criaturas.

Mi nacimiento traumático

En los primeros días de febrero de 1944, mi madre ya tenía dolores de parto, pero a pesar de su dilatación, el médico obstetra no encontraba el momento oportuno para que diera a luz. El día 13 de febrero de dicho año, mi madre ingresó a sala de parto y el médico, junto con la obstetra señora Basul, detectaron que yo venía de pie y estaba atravesado en el vientre de mi madre; se presumía que tenía enrollado el cordón umbilical en el cuello. Las posibilidades de un parto normal eran pocas, por lo que el médico le planteó a mi padre las alternativas más drásticas: nacía yo o salvaban a mi madre. Uno de los dos. Mi padre optó por salvaguardar la vida de mi madre, con atinada razón.

Según lo comentado por la obstetra, se procedió a forzar mi nacimiento manualmente sin mayor cuidado y de forma rápida. Nací aparentemente muerto, morado en su totalidad y con un ojo inflamado por la mano de una asistente que extremó la maniobra. Mi madre empezó a recuperarse con oxígeno y me pusieron en una camilla auxiliar, cubriéndome con una sábana.

Luego de algunos minutos, después de atender a mi madre, una auxiliar intentó resucitarme sumergiéndome en agua caliente y luego bruscamente en agua helada, originando un *shock* que me devolvió a la vida; pero quedé muy maltratado. Según los médicos, mi nacimiento fue milagroso.

Mi cuello quedó marcado por el cordón umbilical y se mantuvo así hasta los cinco años. Mi ojo derecho quedó sumamente inflamado y con una secuela que se mantuvo hasta mi adultez, con la conjuntiva rasgada. A los 53 años me operaron y corrigieron parcialmente el mal.

Mi destino estaba trazado: mi hermano mayor tuvo una minusvalía por la caída que sufrió de niño y yo era el segundo de mis hermanos. Comprendí la razón de mi supervivencia cuando llegué a la adolescencia y analicé la situación de mi hogar y los problemas por los que atravesaba una familia numerosa y de pocos recursos. Tenía que asumir mi responsabilidad de hermano mayor.

Misión en la vida

Alguien dijo hace mucho tiempo: «la vida es un instante entre dos eternidades». El ser humano nunca sabrá de veras de dónde viene, ni tampoco a dónde irá después de su muerte. Si bien la expectativa de vida viene aumentando periódicamente, siempre el tiempo será efímero.

Hace 10,000 años, la esperanza de vida era de 18 años. Quinientos años atrás era de 27 años. En Europa, los hombres sobrevivían más. Hasta hace poco, la esperanza media de vida era de 80 años para los hombres y de 85 años para las mujeres. En Japón, la esperanza de vida llega a 95 años. Hay lugares donde la expectativa alcanza hasta los 100 años. La razón: se come mejor, el avance de la ciencia y de la medicina, así como la prevención de las enfermedades. En América e Iberoamérica en general, la higiene ha sido un factor importante, porque nos bañamos con más frecuencia. Nosotros somos la gente más limpia del mundo.

La longevidad es mayor en las mujeres debido a que la industria química y farmacéutica ha contribuido a ello. En la actualidad, la esperanza de vida se ha extendido más. La población mundial es de aproximadamente 7,500 millones. El 88 % ya no es pobre. El 12 % lo sigue siendo. Algunos tratadistas piensan que es necesario reducir el crecimiento poblacional. ¿Cómo? ¿Cuándo? ¿De qué manera? Esa es la gran incógnita.

Los seres humanos nos preguntamos: ¿Para qué hemos venido a este mundo? ¿Cuál es nuestra misión? Son múltiples las investigaciones y teorías al respecto y nadie ha podido esgrimir su verdad como única. Hay tantas religiones como creencias que han dividido al mundo en creyentes y no creyentes, fieles e infieles. El mundo, de igual manera, se ha dividido en diversas doctrinas e iglesias. En nombre de Dios se han cometido crímenes de lesa humanidad, holocaustos y barbaries, generando millones de muertos. Lo mismo ha sucedido con la discriminación racial en todos los sentidos.

Las religiones y sectas, milenarias o no, manifiestan que existe un paraíso donde los seres humanos que se lo merezcan irán después de la muerte; que esta vida es el portal hacia el cielo. «Sufre ahora que luego de morir estarás en la gloria de Dios». Pronto vendrá o volverá nuestro salvador.

En consecuencia, si este mundo no es el paraíso y hemos nacido para sufrir y creer en las bienaventuranzas, para ser felices y dichosos eternamente, en definitiva, este mundo es el equivalente al infierno. Si esperamos que venga el salvador de fuera es que no está entre nosotros. Todos los llamados mesías o enviados de Dios vienen de otro plano. Por lógica conclusión, Dios no está en este.

Según diversas doctrinas, quienes gobiernan este planeta llamado Tierra son los demonios. Aquí está el mal. Llegamos a la Tierra para pasar la prueba, soportando sufrimientos y sacrificándonos permanentemente, siempre que no quieras vender tu alma al diablo. Si te portas bien en este «planeta escuela», ganarás el cielo.

Por descarte, este planeta es el infierno. Para muestra, basta con ver las matanzas de seres humanos entre sí; la explotación del hombre por el hombre; la creación de armas químicas y virales para destruir a los seres vivientes; los extremos de la riqueza frente a la pobreza material; el asesinato de padres por sus hijos y viceversa; el abandono material y espiritual de los niños; las violaciones de menores de edad; la riqueza de los gobernantes del clero y de las diferentes religiones; en fin, la tierra prometida no está aquí, sino en el más allá.

Pero todos tememos a la muerte, con excepción de los musulmanes, quienes, de manera voluntaria, eligen morir para ganarse el cielo, siempre que maten a los infieles. Esta confusión ha sido creada ex profesamente para evitar la existencia de una sola religión, ya que muchas creencias generan antagonismos insalvables, en muchos casos, como por ejemplo las cruzadas, la inquisición, las guerras místicas, el enfrentamiento islámico, el conflicto árabe-israelita, la presencia de sectas musulmanas terroristas, entre otros.

Bueno, con las disculpas del caso, no es mi intención entrar a discernir sobre la existencia del hombre y su razón de ser. No lo han podido hacer los científicos y filósofos; mucho menos quien no lo es y solo quiere dar a conocer sus experiencias de vida. Me considero un ser que no fue simplemente un ente que transitó por la senda de nacer, crecer, multiplicarse y morir. Siempre cuestioné todo lo que vi y escuché aplicando mi sentido crítico, lo que no me hace bueno ni malo.

Mis pensamientos en la niñez y adolescencia

Cuando era niño, me preguntaba: ¿por qué existían los pobres hambrientos de pan, si el Supremo Creador ama a todos sus hijos? No resulta lógico que deje morir de hambre a tantos niños. Cuando tuve uso de razón, vi mi entorno familiar y me convencí de que la vida no era como mamá nos decía, que bastaba creer en Dios para sobrevivir y llegar al paraíso.

No acepté ese pensamiento. Vi la vida como un reto, en un medio donde muy pocos pregonan con el ejemplo. Se golpean el pecho y dan con el mazo. La caridad cristiana solo la practican los pobres; entre ellos está la solidaridad. Los ricos tiran las monedas para lavar aparentemente su conciencia. Lo mismo hace la mayor parte del clero. La Santa Sede (Vaticano) tiene un banco que lava el dinero mal habido de las mafias y narcoterroristas del mundo. ¿Qué podemos esperar de los «malos» si así se comportan los «buenos»?

Viví al costado de un convento de monjes franciscanos desde un año hasta los 24. Fui testigo directo de cómo se alimentaban y bebían los sacerdotes y legos a costa de las donaciones que hacían los comerciantes y fieles solventes para ayudar a los «pobres de la parroquia».

A pedido de mi madre, que era una mujer sumamente piadosa, yo y otro de mis hermanos ayudábamos a los monjes a limpiar la huerta del convento. Recogíamos la fruta en buen estado destinada a los sacerdotes, separándola de la fruta deteriorada o malograda, la que luego nos regalaban en forma de retribución por el servicio. Nunca nos dieron una manzana entera y sana. En vísperas de Navidad, los curas recibían panes, dulces, tortas, licores y regalos, y lo disfrutaban haciendo votos de «pobreza y humildad».

En nuestra adolescencia, para mis hermanos y para mí, esto representaba una contradicción entre el catecismo y la realidad; pero como mi madre era una gran devota, siempre justificaba a los sacerdotes diciendo que ellos no recibían ingresos y vivían de la caridad de los feligreses. Ya hubiésemos querido esa caridad para nosotros. Nunca me convencieron sus argumentos y mucho menos cuando mi madre les cosía las sotanas y ropa a los curas por unos cuantos centavos y muchas veces sin retribución alguna. Casualmente, dos sacerdotes piadosos, a quienes conocíamos, llegaban a casa para que mi madre les invitara su delicioso café recién pasado acompañado de un rico pan con mantequilla. Ella era muy creyente y pertenecía a diversas órdenes religiosas laicas; pero en el fondo era explotada. ¿Cómo entender esta situación, si las iglesias (cristianas, católicas y judías) tienen ingentes tesoros y riquezas? Estas experiencias resultaron muy lesivas para nosotros.

Aparte de la religión y la fe cristiana, otra pregunta que nunca ha tenido respuesta es: ¿por qué existen los ricos extremos y los pobres extremos? Muy pocos disponen de billones de dólares y más de tres mil millones de seres humanos viven en la pobreza. Nunca he creído que la solución es el asistencialismo, pero sí en la responsabilidad pública con la creación de oportunidades para los pobres. No todos los pobres son marginales, ociosos, ladrones y mentirosos. Si existen, es porque el Estado y la misma sociedad los han conducido al aislamiento, sin brindarles la oportunidad de acceder a la educación, salud, vivienda y trabajo dignos. El asistencialismo es la dádiva que se le da a los pobres para comprar sus conciencias. Lo que necesitan son oportunidades y trabajo.

A través de la historia ha quedado demostrado que el Perú siempre ha sido un país sin planificación, sin orden, disciplina y fe. Nadie cree en el Estado y en sus gobernantes. Esta conclusión no es reciente, viene desde los orígenes de la república y para comprobarlo basta con leer nuestra historia. ¿A quién le conviene que el Perú siga así? A la extrema derecha y a la extrema izquierda. Los pobres siempre serán el caldo de cultivo para la explotación y para las doctrinas que viven de la ignorancia. Un pueblo culto no piensa en quitarle al rico para subsistir, solo requiere tener la oportunidad para contar con las herramientas que le permitan alcanzar su bienestar sin explotación y, por ende, el bienestar de su país. El individualismo, que es pensar positivamente en superarse para aportar a su sociedad, genera el pluralismo y no esperar que sea la sociedad la que le provea mediante la repartición de la riqueza generada por otros.

El pobre tampoco debe ser un ser pasivo que espera la oportunidad sentado en la puerta de su simple choza. Tiene que salir a buscarla y, a partir de sus carencias, encontrar los caminos de salida de su situación aprovechando al máximo las permanentes crisis económicas y sociales de su entorno. El peruano es ingenioso y aprovecha siempre los vacíos que deja la clase media. Trabajos manuales desprovistos de tecnología, a bajo costo e inmediato. El pobre ingresa en terrenos donde otros no quieren ensuciarse las manos o embarrarse los zapatos.

Soy testigo de que puede lograrse aplicar la resiliencia sin conocer este concepto que hoy se repite frecuentemente: «la capacidad de superar situaciones críticas o desfavorables en oportunidades de logros superiores». Para alcanzar el éxito se requiere de muy poco en términos conceptuales, pero es difícil ponerlo en práctica: en primer lugar, tener fe en sí mismo; en segundo lugar, ser creativo y perseverante; y, finalmente, no por ello menos importante, tener voluntad de servicio. Como dice un mensaje: «el que no nace para servir no sirve para vivir».

Por lo tanto, si no sabemos de dónde venimos y a dónde iremos después de morir, por lo menos aceptemos que estamos en este plano para SERVIR y NO PARA SERVIRNOS.

Iniciativas para sobrevivir y superarme

Al tomar conciencia de la vida o el llamado uso de razón, me preguntaba por qué mi madre tenía tantos hijos en forma consecutiva. Cuando cumplí siete años, ya tenía cuatro hermanos, más uno fallecido. Le preguntaba a mamá: «¿Por qué, si no contábamos con recursos para criar a tantos, continúas teniendo hijos?» Su respuesta era siempre la misma: «Dios los manda y según mi religión es un pecado evitarlos». Gracias a ello, llegamos a ser diez hermanos vivos: seis hombres y cuatro mujeres.

Mi padre era comerciante, al igual que su madre, quien inculcó este oficio a todos sus hijos. Según ella, el estudio no servía para vivir, se perdían cinco o diez años y finalmente se terminaba haciendo cualquier cosa menos ejerciendo una profesión. Pero ¿qué hace un comerciante sin dinero para invertir? Ese fue el caso de mis tíos y de mi padre. Fueron vendedores minoristas, lo que no resultaba rentable, porque los ingresos no cubrían las necesidades básicas de la familia.

Los comerciantes minoristas nunca tienen un flujo de caja seguro. Sus ingresos son muy aleatorios. Así, había períodos en que mi padre compraba a crédito muebles de sala y comedor, los mismos que en un par de meses tenía que devolver por falta de pago de las cuotas. Rara vez estaba al día en la merced conductiva de la casa donde vivíamos.

El mejor momento que vivió mi padre fue cuando instaló una pequeña fábrica de agujas para primus (pequeña hornilla que funcionaba con querosene a presión). Con estas agujas se desatoraba la hornilla. Durante 24 meses, los ingresos fueron relativamente constantes, hasta que quebró.

Siendo testigo de las experiencias comerciales de mi padre y tíos, llegué a la conclusión de que ser comerciante sin recursos mínimos para invertir era como ser pescador sin anzuelo. Para sobrevivir, era de igual manera necesario trabajar en lo que fuera. Siempre habrá alguien que necesita apoyo en la vida diaria: limpieza, seguridad, reparaciones, jardinería, cargar bultos; cualquier oficio que la clase media y los menos necesitados no están dispuestos a realizar. Por esto me decidí a trabajar en todo para colaborar conmigo mismo y con mi hogar.

Operario de fábrica

En esta fábrica trabajé apoyando a mi padre cuando tenía diez años. Todos los viernes en la tarde y noche, así como todo el sábado, me dedicaba a preparar las cajas donde colocaba los sobres con las agujas, para finalmente pegar las etiquetas con engrudo (pegamento de almidón).

En cada caja entraban cien sobres. Estas cajas se agrupaban de doce en doce, amarrándolas con soguilla para despacharlas en la tarde del sábado hacia el centro de Lima. Con mi padre las llevábamos en un taxi y las distribuíamos tienda por tienda en los jirones Huallaga, Paruro y Mercado Central de Lima. Al terminar, envolvía parte del dinero en una bolsita y me la introducía dentro de mi calzoncillo, cerrada con un imperdible (gancho con seguro); me embarcaba en un bus plomo que iba de Lima hasta Chorrillos, un balneario al sur. Luego de una hora llegaba a mi casa con el dinero, pero totalmente mareado por la filtración del gas del combustible del bus. A duras penas comía y luego me acostaba a dormir. Mi padre no volvía a casa hasta la madrugada, luego de reunirse y beber con sus amigos y hermanos mayores en el centro de Lima.

Poco tiempo funcionó la fábrica y cerró. A estas alturas ya éramos siete hermanos y otro por nacer. Dadas las circunstancias, mi padre tenía que seguir vendiendo las agujas, pero ganando una comisión, porque el que las fabricaba era mi tío Gerardo. Los ingresos no alcanzaban para subsistir.

Cuidador de automóviles

Los domingos, desde las nueve hasta la una de la tarde, mi hermano mayor, un primo y yo cuidábamos los carros de los feligreses que asistían a la parroquia, que estaba al costado de mi casa. Era un mercado cautivo, ya que no había competencia alguna. Por cada carro recibíamos 20 centavos, recaudando en las cuatro horas de servicio un promedio de 2.50 soles oro. Esto equivalía a medio día de jornal de un obrero. Hoy es una ocupación popular y del día a día.

Vendedor

Durante todas las vacaciones escolares y cuando no tenía clases por fiestas patrias, Navidad o Año Nuevo, trabajaba con un hermano de mi madre llamado Fidel, que era administrador de una fábrica de zapatos, desempeñando la labor de vendedor en un puesto en el Mercado Central de Lima y en La Parada de la avenida Aviación, donde se situaba un centro de abastos muy grande. En otras oportunidades vendía arbolitos de Navidad y objetos de temporada, bajo la conducción de otro tío. A cambio de ello, obtenía zapatos nuevos para mis hermanos menores y algo de dinero. Pero ser vendedor no era lo mío; no me agradaba probar calzados a mujeres antihigiénicas, que eran la mayoría de las comerciantes del mercado. Descarté las ventas como ocupación en mi futuro.

Reparador de calzado

No recuerdo quién lo hizo, pero me regalaron una horma de zapatero, que es una herramienta de metal en forma de T. Al comienzo no sabía cómo se utilizaba, pero observando a un zapatero aprendí. Sin embargo, mi intención no era fabricar zapatos, sino ensamblar zapatos. Solicité a mis primos que me regalaran sus zapatos en desuso, cuyas tallas eran similares a las mías y a las de mis hermanos menores. Compré clavos, una cuchilla y lijas. A los zapatos usados les sacaba la suela y la cambiaba por otra en mejor estado, así de dos pares de zapatos usados obtenía uno mejorado. Luego los teñía y les cambiaba los pasadores, quedando reutilizables. Experimenté lo que hacen en la actualidad las renovadoras de calzado.

Reciclador de muebles

Me di cuenta de que los techos de mis vecinos, gente de clase media y media alta, tenían una considerable cantidad de muebles, equipos, madera, repisas y otros objetos en desuso. Les toqué las puertas a todos y ofrecí mis servicios de limpieza de techos a cambio de una propina. Me «asocié» con un primo y compramos lijas y pinturas para reparar los objetos rescatables. Una vez reparados, los mismos los vendíamos a otros vecinos a precios de oferta. En uno de dichos trabajos encontré en un baúl libros viejos de medicina y una calavera; los que habían pertenecido al hijo de una vecina que se graduó de médico, veinte años atrás. Los libros me inspiraron a interesarme en la medicina (otra aspiración frustrada) y la calavera la conservó mi madre hasta su muerte; la velaba y le rezaba y, según ella, cuidaba la casa para que no robaran. Creo que fui uno de los primeros recicladores de antaño.

Repartidor de colchones

A dos cuadras de mi casa, en el jirón de la Unión, existía una colchonería a cargo de una familia extranjera que vendía un promedio de diez colchones al día. Tenía un repartidor comisionista que entregaba los colchones y muebles a domicilio en una carretilla; sin embargo, no se abastecía para hacer las entregas en el mismo día. Conversé con la dueña del establecimiento y le ofrecí mis servicios para acompañar a los compradores llevando sus colchones encima de nuestras cabezas, con mis amigos, mi primo y mi hermano; cobrando más barato que el repartidor y mucho más económico que el precio de un taxi. Así fue como tuvimos éxito, repartiendo colchones en las tardes y parte de la noche, durante todos los días de la semana. Esta fue la iniciativa de lo que fue más tarde el *delivery* de la colchonería.

Trabajador de saneamiento

Habíamos notado que en las casas del barrio que tenían jardín proliferaban los roedores, y los dueños compraban líquidos y polvos para exterminarlos. Nuestro grupo les planteaba efectuar una limpieza de los jardines y detectar las madrigueras de los roedores. Así, exterminábamos los mismos y también atendíamos emergencias cuando había que perseguir y matar otros. Nuestros ingresos eran muy buenos, porque los vecinos se aterrorizaban con estos animales y pagaban sin ningún problema u objeción. Nuestra inversión solo consistía en palos de escoba, una pequeña pala y una tabla larga en forma de T; el secreto para matar al roedor radicaba en pegarle con la tabla en la nariz o en el hocico. Fomentamos el saneamiento casero.

Mozo de cafetería

En el año lectivo 1957 tenía que ingresar a estudiar secundaria en la Gran Unidad Escolar «José María Eguren» de Barranco. Sin embargo, mi padre me comunicó que ya no estudiaría porque tenía que trabajar con él como vendedor. Me rebelé y hablé con mi madre, la que le pidió a un tío, hermano menor de papá llamado Narciso, para que me apoyara en su cafetería que había instalado en el Jr. Raimondi en La Victoria, distrito al norte de Lima. Mi objetivo era ganar algo de dinero y propinas que me permitieran solventar la compra de mi uniforme y cuadernos y no depender de mi padre.

Durante los tres meses de verano de aquel año, trabajé en la cafetería llevando a diario el café pasado en botellas que preparaba mi abuela Amelia. Para ello tomaba el tranvía desde Barranco, el mismo que recorría todo lo que es hoy en día la Vía Expresa («*El Zanjón*»). Pasaba por el distrito de Surquillo, donde estaba la primera estación; luego atravesaba todos los campos de sembrío hasta San Isidro, otro distrito, donde aparecía como única edificación de esa época la tienda SEARS, primer mall por departamentos del Perú; finalmente llegaba a la actual plaza Grau donde bajaba y caminaba cuatro cuadras hasta el local antes mencionado.

Mi trabajo me entusiasmaba y esperaba con ansias mi pago al término del primer mes; pero no llegó. Le consulté a mi madre y me dijo: «seguramente te pagarán en marzo, cuando termine la temporada». Así pasaron los tres meses y solo había recibido dinero para mis pasajes. Continué con expectativa hasta marzo trabajando desde las 7 de la mañana hasta las 7 de la noche. Finalmente, llegó el 31 de marzo y mi tío no me pagó, solo me entregó en compensación un reloj pulsera muy bonito, pero ni un centavo.

Regresé esa noche a mi casa con un rostro sombrío, decepcionado por no haber recibido el dinero para comprar mi uniforme nuevo y mis cuadernos. Qué hacía con el reloj, pero sin dinero. Cómo podría explicarme que, habiendo trabajado 90 días apoyando en la cafetería, mi tío no me pagara nada. No comprendía tamaña injusticia de un familiar tan cercano, si apenas había cumplido 12 años. Para colmo, en los primeros días de abril, mi abuelo paterno visitó mi casa y me pidió que le devolviera el mencionado reloj que me había «regalado» mi tío, porque en realidad era de mi primo César, hijo de mi tía Alicia; realmente se lo había dado a mi tío para que lo reparara. ¡¡Fui víctima de una estafa!!

Pese a esa decepción, conversé con mi madre y me arregló el uniforme viejo con varios parches y me compró unos cuantos cuadernos; por supuesto que no alcanzaba para comprarme libros, ni zapatos. Estas carencias las solucioné de otra manera. Lo bonito de este trabajo fue que conocí a una jovencita de mi edad, muy bonita, de la que me enamoré platónicamente.

Encargado de producción en fábrica

En el verano siguiente, otro tío, hermano de mi padre, llamado Gerardo, me dio trabajo en su fábrica de agujas para primus como encargado de la producción. A esas alturas ya tenía algo de experiencia y le pedí que cumpliera con pagarme mensualmente. La fábrica estaba situada en los Barrios Altos, en el Jirón Los Naranjos, cerca de la Iglesia del Carmen. En esta oportunidad, le confié a mi tío lo que me había acontecido con su hermano, el de la cafetería, quedando claro que necesitaba dinero para comprar mi uniforme y cuadernos para el segundo año de secundaria.

En mi puesto tenía la responsabilidad de manejar una máquina que cortaba la lata y la prensaba, material que pasaba a la engrapadora para colocar la aguja; labor que estaba a cargo de operarias. La máquina era pesada y grande, no llegando yo a la altura mínima, por lo que siempre salía averiado con cortes en los dedos. Me pagaban semanalmente, de acuerdo con la producción. Ingresaba a las 8 am y salía a las 6 pm, de lunes a sábado. Así transcurrieron los tres meses de verano y esta vez sí pude adquirir mis útiles escolares y mi uniforme; sin embargo, no me alcanzó para los zapatos. Esta fue mi primera experiencia como jefe.

Aprendiz de jardinero

En la calle Colón, a la vuelta de mi casa, observé una casa cuyo jardín estaba lleno de maleza y sucio; de inmediato procedí a tocar el timbre y ofrecer mis servicios para limpieza y corte del césped. La dueña era una señora de 30 años aproximadamente que vivía sola, que me trató con mucha gentileza y accedió a mi oferta. El trabajo lo realizaba cada quince días y me llevaba tres horas de labor. Al terminar me pagaba muy bien y me invitaba lonche, hasta que la última vez me pidió tener sexo con ella; me asusté y nunca volví. Tenía 13 años.

Profesor de primaria

A los 14 años, un profesor de secundaria apellidado Mayorga me consultó si podía enseñarle a su sobrino conocimientos elementales de primaria, porque no era un buen alumno en su colegio. Así es como tres días a la semana, después de mis clases de secundaria, asistía a la casa del pequeño a prepararlo. Hoy este chico es un prestigioso ingeniero que radica en Europa. Por cada clase me pagaban 5 soles oro, más un lonche incluido. Durante algún tiempo le pedí a mi madre que ya no se esfuerce en la confección de uniformes, porque tenía ingresos. Sin embargo, continuó con su sacrificado trabajo. Esta fue mi primera experiencia como docente.

Mi vida como universitario

Mi más cara aspiración como estudiante era terminar la secundaria para poder trabajar y disponer de recursos en apoyo a mi madre y a mis hermanos menores, así como tener la satisfacción de comprar mis cosas sin depender de nadie.

Otro de mis sueños era ingresar a la universidad para ser profesional independiente. Como ya lo dije, cuando conocía a un estudiante universitario me parecía que era un superdotado. Recuerdo que el novio de mi tía Bertha, hermana menor de mi madre, era dibujante arquitectónico y me regaló una Regla T con la que aprendí a dibujar planos; para mí fue lo máximo, me creía un arquitecto.

Al concluir mis estudios secundarios decidí buscar un trabajo e ingresar a la universidad, simultáneamente. El primer paso condicionaba al segundo. Sin dinero no tenía recursos para la inscripción. Mi madre conocía a varias distinguidas señoras devotas de la Virgen María, en la Iglesia San Francisco, colindante con nuestro hogar. Una de ellas le sugirió que yo busque al Ingeniero Luis Hellen en la Universidad Nacional «Federico Villarreal», quien era amigo de su familia y se desempeñaba como Decano en dicho centro de estudios superiores. Esta sugerencia estaba orientada a la posibilidad de conseguir algún trabajo.

El 26 de marzo de 1993 viajé al centro de Lima a las 9 am para presentarme ante el Ingeniero Hellen. El local de la mencionada universidad estaba situado en la avenida Uruguay. Ingresé y me dirigí a una de las vitrinas donde figuraba la lista de los postulantes ingresados en las diferentes facultades. Uno de ellos me preguntó mi apellido y yo con cierta inocencia le dije Ávila; en la lista figuraban dos ingresantes con mi mismo apellido y gritó: «aquí hay un cachimbo»; cogiéndome para que otro me cortara el pelo. Tuve que sacar mi carné escolar para acreditar que era otro Ávila y no los que aparecían como ingresados.

Pasado el susto, me acerqué a otras vitrinas y leí un aviso en el que solicitaban un candidato como auxiliar administrativo en la Facultad de Administración y Ciencias Sociales, carrera de reciente creación en el Perú, sin que a esa fecha aún haya egresado ninguna promoción. Me inscribí como candidato y me citaron esa misma noche para una entrevista con el Decano a las 7 pm. Esperé sin almorzar y tomar nada durante el día. Al llegar la noche me acerqué a la Facultad, encontrando a un señor que hacía las veces de administrativo, de apellido Delgado, un robusto moreno muy amable. Me dijo que tomara asiento y esperara al Decano que llegaría pronto.

Pasadas las 8 de la noche llegó el Decano Ingeniero Hellen, Senador de la República por el Partido Aprista Peruano; un hombre blanco algo canoso de figura distinguida de 65 años aproximadamente, terno impecable color beige, zapatos y corbata marrones a rayas con beige; llevaba un maletín o portafolio marrón. Me hizo pasar y me pidió disculpas por el retraso; pidiéndome que le resumiera mi currículo *vitae*, quiénes eran mis padres y en qué lugar vivía. Luego de dar respuesta a todo lo preguntado por el Decano, este recordó y me comentó que mi padre había sido su compañero de su partido en Chiclayo durante su juventud. Que conocía a mi madre porque se había refugiado en mi casa de Barranco durante la persecución de Manuel Odría, cuando yo era muy pequeño.

Sorprendido por la afortunada coincidencia, pasamos a la segunda parte de la entrevista en la que el Decano me preguntó si tenía alguna experiencia como Auxiliar de Oficina; mi respuesta fue que había hecho de todo desde pequeño y sabía archivar y registrar documentos. El Decano se dio cuenta de que experiencia no tenía, pero sí mucho empeño en ingresar a trabajar. De inmediato, me dijo que el sueldo era de 3,000 soles al mes o «300 libras». Casi me desmayé, porque yo llevaba 25 centavos en el bolsillo para el pasaje de regreso a mi hogar.

Asimismo, me fijó el horario de 9 am a 6 pm; pidiéndome que, de manera temporal, me encargara de limpiar los dos ambientes de la oficina en tanto contrataban a un hombre para limpieza; yo le propuse que no era necesario, ya que ingresaría una hora antes para hacer la limpieza también. Me agradeció y me indicó que preparara mi Resolución de nombramiento en una máquina eléctrica moderna que había en el ambiente de secretaría. Por supuesto, yo nunca había manejado una máquina eléctrica. Al día siguiente, me vi obligado a solicitar el apoyo de una secretaria de otra facultad para preparar el documento. Desde ese momento, pasé a ser el primer trabajador contratado por la Facultad de Ciencias Administrativas y Sociales de la nueva Universidad Nacional «Federico Villarreal».

Esa noche no dormí, pensaba cómo iba a financiar mis pasajes y alimentos; con qué ropa iría a trabajar si no contaba con recursos económicos. Le pedí a mi madre que no le dijera nada a mi padre. Me contacté con mi tío Oswaldo, el último de los hermanos de mi padre y le solicité que me avalara ante su sastre para la confección de un terno. Así fue como en siete días tuve mi primer traje de trabajo, color marrón. Usé este terno durante todos los días de la semana durante varios meses y lo lavaba el sábado con bencina y agua de boliche (fruto marrón jabonoso). En la oficina me pusieron de sobrenombre «San Francisco» porque mi terno parecía el hábito de los monjes por el color marrón.

El pasaje en tranvía costaba 50 centavos Barranco-Lima-Barranco. Demoraba 30 minutos el traslado, saliendo al servicio a las 6 de la mañana y el último cerraba a las 12 de la noche. Era un transporte barato y cómodo, con asientos de madera bastante resistente. Nuestros padres le llamaban «El Eléctrico». Algunos eran acoplados (dos vagones juntos). Tenían un motorista, un cobrador y un inspector (picador) de boletos que pasaba de vagón en vagón. Todos correctamente uniformados. El deporte más conocido de los adolescentes y jóvenes de Lima de los 50 y 60 del siglo pasado era «gorrear tranvía», es decir, viajar gratis colgado de los estribos. Los accidentes eran muy escasos, pero casi siempre mortales bajo las ruedas de esos vehículos. El presidente Fernando Belaúnde Terry desapareció la compañía Empresas Eléctricas del Perú que administraba este servicio. Luego se construyó la Vía Expresa, siendo alcalde de Lima el doctor abogado Luis Bedoya Reyes.

En los años 60 del siglo pasado ingresar a la universidad era casi imposible. Ahora es casi imposible no ingresar con tantas universidades de todos los niveles y exigencias, caras y baratas, públicas y privadas. Por lo consiguiente, para ingresar era necesario matricularse en una academia de preparación. En mi época existía la «Academia Cruz Saco»; pero el precio de la matrícula era muy caro para mí. Yo no tuve opción de ello, por lo que compré los cuestionarios desarrollados y empecé a estudiar durante varios meses, en mi casa y en el malecón de Barranco, que era un lugar poco concurrido de 6 a 7 de la mañana y en la noche de 8 a 10. Faltando un mes para los exámenes de ingreso (febrero de 1964) solicité vacaciones y me interné en mi dormitorio a tiempo completo durante los 30 días, desalojando a mis dos hermanos menores. Solo salía para ducharme y comer. Las paredes de mi cuarto eran las pizarras. Postulé a la Facultad de Arquitectura, en la que se exigía un alto puntaje para cubrir una vacante. Los resultados me dieron la satisfacción de alcanzar un buen puntaje, pero no accedí a una vacante. Esperé una semana alguna deserción, pero no se produjo.

Cometí el error de postular a una facultad donde se estudiaba todo el día, es decir, el estudiante era a tiempo completo y no podía trabajar, por lo que de ninguna manera podría haberme mantenido. Ante esta situación conversé con el Decano de Arquitectura y le planteé una situación sui géneris: convalidar mi puntaje (680 puntos) alcanzado que era mayor que el exigido en otra facultad, que en ese caso era la de Administración y Ciencias Sociales, cuyo puntaje mínimo era de 550 puntos. Este caso fue consultado a la Comisión de Admisión y aceptaron mi matrícula en esta última Facultad. Así fue como empecé a estudiar en el horario de 6 a 11 de la noche, trabajando de 9 de la mañana a 6 de la tarde.

Durante el primer año en la universidad me fue difícil estudiar, porque no había una biblioteca en la Facultad. Los profesores no eran especializados en Administración por ser una carrera nueva en el país. Los mejores libros venían de Centroamérica, pero no había dinero suficiente en el presupuesto de la universidad. Entonces me asocié con un compañero para imprimir copias de algunas obras y venderlas a los alumnos; así los ayudábamos y a la vez nos proveíamos de ingresos. En aquella época no existían las fotocopiadoras, siendo necesario escribir a máquina en unos formatos llamados «Stencil», los que se colocaban en unos rodillos entintados que reproducían los textos escritos.

Un formato solo servía para un tiraje de 20 ejemplares; luego teníamos que volver a escribir. Menudo trabajo que hoy se ha superado con las fotocopiadoras y las computadoras.

La plana docente estaba constituida por profesionales de diversas especialidades, tales como economistas, ingenieros, matemáticos, sociólogos, contadores y otras carreras; pero ninguno graduado como Administrador de Empresas. La mayoría eran militantes apristas y entre ellos algunos exigían a los alumnos inscribirse en el Partido Aprista Peruano. Para tal efecto, invitaban a los Coloquios del fundador del partido Víctor Raúl Haya de la Torre, los que se celebraban dos veces por semana, en el local de Alfonso Ugarte en Breña. Los que no asistían eran reprimidos con bajas notas. Asistir a los coloquios significaba terminar a la medianoche y de allí trasladarse hasta nuestro lugar de vivienda. Varias veces tuve que asistir y llegar a mi casa a las 2 de la madrugada en taxi.

Al poco tiempo, se creó la biblioteca de la facultad con el aporte de algunos libros adquiridos y otros donados por el Instituto de Administración Pública de Costa Rica. Es en ese momento que solicité una posición como Auxiliar de la Biblioteca, en cuyo puesto no solo tenía los libros a mi disposición, sino que además asesoraba a los profesores en el desarrollo de los sílabos de las materias a su cargo, manteniendo cautivas las obras especializadas. Esta facilidad me permitió avanzar en el desarrollo de los cursos y prepararme mejor.

El sueldo de Auxiliar de Biblioteca era más bajo que el que ostentaba, pero se compensaba con la disponibilidad de libros;

esto se lo expliqué a mi Decano, lo que le pareció ilógico, pero me comprendió porque el fin era más importante que los recursos económicos. Muchas veces es necesario bajar para tomar impulso y subir más rápido. Al poco tiempo me ascendieron a jefe de la Biblioteca. Durante toda mi carrera no necesité gastar en la compra de libros y tuve acceso a los mejores de la época. Siendo un alumno destacado ubicado entre los primeros cinco estudiantes de la Facultad, me designaron jefe de Prácticas de los Cursos de Organización I y II, con lo cual se incrementaron mis ingresos.

Para preparar mi tesis profesional, hice lo mismo que cuando me propuse ingresar a la universidad, me encerré treinta *días en mi casa durante mis vacaciones y concluí mi trabajo. Me gradué como Bachiller y obtuve mi título profesional como* Licenciado en Administración y Ciencias Sociales y estudié Doctorado en la especialidad. No me gradué de doctor.

Finalmente, fui nombrado Profesor Auxiliar de los cursos de Administración I y II y Organización I y II, siendo designado padrino de dos promociones de la Facultad de Ciencias Administrativas y Sociales de la Universidad Nacional «Federico Villarreal». Las placas conmemorativas se encuentran instaladas en las paredes de la Universidad Nacional «Federico Villarreal».

En el año 1969 renuncié como trabajador de la Universidad Nacional «Federico Villarreal» e ingresé al Ministerio de Pesquería, recién creado. En paralelo, continué desempeñándome como docente universitario en la Pontificia Universidad Católica del Perú, Universidad Particular Ricardo Palma, Universidad Nacional Mayor de San Marcos, así como en la propia Universidad Nacional Federico Villarreal, hasta el año 1980, año en que se inició el terrorismo en el Perú e infiltraron la mayor parte de las universidades, en particular las estatales.

También fui profesor de la Escuela Superior de Administración Pública (ESAP), la que lamentable e inexplicablemente desactivó el primer gobierno del partido aprista. En esta escuela se preparaban los cuadros necesarios para el aparato estatal.

Como anécdota, les refiero que mi padre se enteró de mi ingreso a la Universidad cuando me encontraba estudiando el tercer año de facultad. Circunstancialmente, me encontraba caminando por el jirón Colón en el centro de Lima, acompañado de algunos colegas estudiantes de mi Facultad, cuando se cruzó con nosotros mi padre. Mi padre, el que se opuso a que continuara mis estudios secundarios, se emocionó cuando un compañero de mi promoción le comunicó que estudiaba Administración de Empresas.

Mi progenitor se fue a vivir a la ciudad norteña de Chiclayo, donde le sobrevino una crisis producto de una enfermedad no tratada oportunamente y falleció a los 55 años. Mi hermano menor tenía 10 años.

Mi casa de barranco

Cuando tenía un año de nacido, mis padres se mudaron de la calle Quilca en el Cercado de Lima a Barranco, balneario del sur colindante con Miraflores y Chorrillos. Lugar tranquilo y habitado por intelectuales, bohemios y artistas que se inspiraban en sus paisajes llenos de sembríos con vistas al mar, con acantilados que filtraban chorrillos de agua, llenos de musgo y plantas silvestres. Solo había dos caminos hacia el mar y la playa (la bajada a los baños) por debajo del Puente de los Suspiros y el otro camino a través del Funicular eléctrico para bajar y subir. Este último era una caseta con capacidad para veinte pasajeros, que al bajar encontraban una escalera con barandales que conducían hasta el ingreso a una glorieta, totalmente de madera y fierro que formaba un hexágono a manera de pasadizo para los veraneantes; al lado de cada hexágono se ubicaban los camerinos para los nadadores y visitantes, uno para varones y otro para damas y niños. La playa era empedrada por completo.

En estas instalaciones se celebraban los famosos carnavales de Barranco, auspiciados por la Municipalidad. El «Rey Momo», que era un muñeco hecho de cartón y papeles de múltiples colores, se quemaba el miércoles de ceniza, al terminar las festividades. Los carnavales duraban tres días continuados de fiesta. En el tabladillo de la glorieta se instalaba una pista de baile, en donde todos los fines de semana se realizaban eventos llenos de alegría. También la Municipalidad auspiciaba los bailes de carnavales, con premiación a los mejores disfraces. Se llevaban a cabo en dos turnos: en la tarde para niños y jóvenes y en la noche para adultos. Animaban las mejores orquestas de Lima. Barranco era hermoso y pequeño, la mayoría de sus habitantes pertenecían a la clase media y los menos favorecidos eran trabajadores respetuosos y honrados. No se conocía la delincuencia. Las residencias de los más favorecidos eran hermosas y grandes, algunas ocupaban hasta una manzana. Existían cinco cinemas y se proyectaban en la mayor parte de los casos las famosas películas mexicanas, en particular los «jueves femeninos». Para los niños las películas tales como Roy Rogers, El Llanero Solitario, el icónico Supermán, el Pato Donald y otras. En la radio se transmitían novelas como El Derecho de Nacer. En el colegio nos vendían la revista «Avanzada» que producía el Padre Durand, así como Coco, Vicuñín y Tacachito, representantes de la Costa, Sierra y Selva del Perú. Cómo olvidar las matinales dominicales que proyectaban los cines gratis; para entrar solo se entregaba una latita de crema para zapatos vacía o un envase de crema dental. Otro atractivo era el zoológico con animales diversos. Fue el primer zoológico de Lima y estaba ubicado cerca de la quebrada de Armendáriz y al lado de la Lagunita en la que se paseaba en pequeños botes, a precio módico.

La casa que ocuparon nuestros padres estaba situada en la calle San Roque 109, lado derecho, colindante con el lado izquierdo ocupado por un señor Benites que vivía solo. Dicha casa se complementaba con la casona ubicada en la esquina de la mencionada calle que se desplazaba hacia la calle San Francisco, ocupando media cuadra. Nuestra casa y la casona eran edificaciones antiguas construidas a fines del siglo XIX, cuando la zona era anexo de una hacienda, cuyo nombre no he podido identificar. Esta casona más el terreno para construir una iglesia quedaron reservados; procediéndose a lotizar el resto de la zona donde se levantaron casas modernas, siendo ocupadas por gente de buen nivel socioeconómico.

En el año 1935, al frente de mi casa se construyó la iglesia San Francisco de Asís, a cargo de la congregación Franciscana de los padres descalzos. La actual Parroquia ocupa una manzana, dando frente a un parque rodeado de mansiones y de calles con nombres de santos: San Roque, San Francisco, Santa Rosa, San Marcos, San Antonio.

La arquitectura de mi casa era similar a las antiguas casas-hacienda; paredes de quincha, altas y con techos de madera, así como los pisos; puertas de madera con lunas biseladas y cubiertas con visillos; las manijas de las puertas eran de mármol; todos los techos tenían tragaluces; los baños tenían instalaciones sanitarias de fierro. El pasadizo principal tenía paredes con azulejos; al fondo de la casa se ubicaba la cocina y un pequeño huerto, con una higuera y el tendal para la ropa lavada. Mención especial merece el patio que daba acceso a nuestra casa; era amplio con un techo de treinta metros de largo y diez metros de altura, adornado con balaustrales de madera que permitían la ventilación y la luz en la totalidad; su piso era de losetas de piedra adornadas con pequeños laberintos antideslizantes; el portón de ingreso era de madera con ventanales de fierro y una gran chapa y una manito de bronce que hacía las veces de timbre. Lamentablemente, nuestras limitaciones económicas no nos permitieron poner y mantener en valor dicha casona.

En esta casa viví 24 años consecutivos, vi crecer a mis hermanos, así como disfrutar y sufrir a mi madre. Era la casa de todos, pasaron por ella los hermanos de mi madre, primos, sobrinos, otros familiares y hasta amigos de mi padre. Era costumbre de los provincianos alojar a la familia proveniente de su terruño. Varios se casaron y vivieron temporalmente en casa. Mi madre era muy acogedora, buena, amiguera y conversadora por antonomasia; siempre recibía visitas. En la parroquia era toda una institución, como ya lo he comentado, encargada del cuidado de los estandartes y embellecimiento del altar de la Virgen Inmaculada. Luego de concluir su tarea diaria en la parroquia mi madre invitaba a sus «hermanas de San Francisco», a las «hijas de María» y otras congregaciones laicas a tomar un cafecito en casa. Ella era feliz con esto.

Recuerdo haber disfrutado mi niñez hasta los siete años, ya que luego llegaron los momentos difíciles, con dificultades económicas y escasez. No tengo en la memoria el festejo de alguna fiesta de cumpleaños mío o de mis hermanos; tampoco el haber disfrutado de una navidad con regalos, chocolate, panetón y mucho menos cena de año nuevo. Una de las navidades más tristes fue cuando yo tenía diez años y nació una de mis hermanas tres días antes de la nochebuena. Mi madre estaba internada en la maternidad y mi padre no sé dónde, estuvimos acompañados por una tía hermana menor de mi madre. No teníamos luz y nos sentábamos en la ventana de nuestra casa, con las piernas entre el enrejado. Al día siguiente mirábamos cómo disfrutaban los demás niños del barrio con sus juguetes en el atrio de la Iglesia. Está demás decir que la «nochebuena» no era tal para nosotros. Nuestro consuelo era que había nacido nuestra hermanita y que pronto veríamos a mamá.

El 25 de diciembre, salí al parque de mi barrio donde vivían los privilegiados y observé que pocos de los chicos sabían manejar sus juguetes mecánicos y mucho menos los modernos a pilas. En ese momento noté que solo el conocimiento era el valor de competencia del pobre. Aprendí a manejar los juguetes y sin ser propietario de ellos los usaba y enseñaba su dominio a mis amigos. Así pasó con la primera bicicleta y los patines en años posteriores. Tengo presente que en una navidad le regalaron a uno de mis amigos el llamado «cerebro eléctrico» que era un aparato que funcionaba con dos espigas conectadas con cables entre una pregunta y la respuesta correcta. Muchos fallaban, porque no tenían en cuenta que para acertar era necesario memorizar la espiga de la pregunta y hacerla coincidir con el agujero que tenía la respuesta correcta; si lo lograbas se prendía un foquito. Todo un avance de la época.

El barrio de los pobres estaba ubicado a espaldas de mi casa, en la calle Cajamarca. Aquí vivían los desposeídos como yo, donde se jugaba con la imaginación. Los carritos de carrera eran las chapas de gaseosa rellenas de cera; la pelota hecha de trapos viejos; el tablero del juego de damas se pintaba en el piso y las fichas también eran las chapas de gaseosas; se jugaba a las canicas que eran bolitas de vidrio de colores y una grande que la llamábamos «cholón»; el trompo con una punta afilada; el yo-yo. Alquilábamos tocadiscos para festejar alguna fiesta, haciendo colecta. Con mis amigos de este barrio formamos un equipo de servicios múltiples; lo que ya he comentado con anterioridad. Fundamos un equipo de fútbol al que le pusimos el nombre de Deportivo Caribe porque la mayoría de sus integrantes éramos mestizos. También aprendimos a boxear con un solo juego de guantes que nos regalaron.

Para convivir con los dos barrios, en el primero traté de alcanzar cierto liderazgo destacando en el rápido aprendizaje de juegos y manejo de bicicletas y patines; en el segundo barrio, procuré el liderazgo con imaginación e inventiva, enseñando y adiestrando a mis amigos. En el primer barrio aprendía y en el segundo enseñaba.

Ambos barrios, aunque diferenciados por lo económico y social, siempre fueron el asentamiento de familias honestas y respetuosas. Nunca se presentaron conflictos de carácter discriminatorio ni por maltrato alguno; sin embargo, se daban las famosas guerras de barrio y los reñidos partidos de fulbito.

Mi casa la casa de todos

Como ya lo mencioné antes, la mayor parte de las familias provenientes de provincias acostumbraban a darle posada a sus hermanos, primos, compadres y hasta amigos, en este caso, lambayecanos. Fueron muchos a los que tuvimos que acoger. Llegaban por oleadas, primero fueron las hermanas menores de mi madre, entre ellas una tía que participó en nuestra crianza; muy buena y sacrificada, vivió con nosotros hasta que se casó con un dibujante arquitectónico, en quien me inspiré para aspirar a ser arquitecto.

Era la época de la Sonora Matancera (1950), orquesta cubana de fama internacional, con la que aprendí a bailar cha-cha-chá y boleros en una sola loseta. También recuerdo de niño a una prima de mi mamá a quien mi padre le puso el apodo de «cojinova», porque era cojita. También recuerdo a una morena alta y corpulenta que periódicamente ayudaba a mi madre en los quehaceres de la casa. Esa señora acababa de dar a luz y tenía exceso de leche materna y para evitar que se le pasmara esa leche, mi madre la recogía en unas copas azules pequeñas y me la daba a mí sin decir su procedencia. Yo recibía todo de mamá porque siempre confié ciegamente en ella. Tres meses recibí esa leche, por lo que deduzco que tengo «sangre caliente» proveniente de raza negra.

Otros familiares que pasaron por casa fueron mis primos maternos, en particular tres que quedaron huérfanos de madre, siendo dos de ellos prácticamente criados por mi progenitora. Mi padre acogió a un amigo con su esposa y dos hijos, que habían sido desalojados de su vivienda; estuvieron un año viviendo con nosotros. Lo mismo pasó con un anciano sastre «Don Panchito»; un primo llamado Daniel que, como no había espacio, dormía en un falso techo sobre el baño de la casa (era un poco loco). Fueron muchos a quienes acogimos en casa, más familiares de mi madre que de mi padre.

Fueron escasos los años en los que vivimos estrictamente solos. Hasta que llegaron mis abuelos paternos, con todas sus cosas, ya que habían dejado su casa en la que residían con su hija menor Alicia que se fue a vivir a Chiclayo. Nos tuvimos que reducir a dormir en espacios mínimos. Mi opinión siempre fue que uno puede ser muy bueno, pero sin llegar a extremos como sacrificar a sus hijos por los demás familiares y amigos. Mis hermanos hombres dormían en un dormitorio y las mujeres en otro. Como yo les bromeaba y les decía: «Dormimos tan justos y apretados que hasta soñamos lo mismo, al extremo que para ver en qué terminaba el sueño teníamos que esperar que despierte el último».

Un familiar chiclayano le regaló a mi madre una lora, la que aprendió a avisar cuando se estaba sacrificando a una gallina o pollo, repetía el cacareo o el piar de estos animales. Avisaba cuando escuchaba la alarma del basurero gritando: «La basura, la basura». Aprendió los nombres de mi padre y de mis hermanos. Era un animalito extraordinario que alegraba la casa. Mi padre, en un arranque de euforia por un amigo, se la regaló sin consultar con mi madre. Fue un golpe duro para nosotros.

También teníamos una higuera cuyos frutos nos preparaba mi madre en almíbar, de allí mi predilección por los higos. Contábamos con un pequeño castillo donde una piedra rodeada de culantrillo filtraba el agua, dándole un sabor agradable y fresco. Nuestra primera cocina era de carbón y leña, con lo cual disfrutábamos de un sabor exquisito en los menús diarios. También teníamos un pequeño corral con pollos y patos, cuyas crías eran juguetes predilectos de mis hermanos pequeños. Nuestro comedor estaba en un espacio techado con una parrilla de madera llena de enredaderas con flores, la luz del sol nos alegraba.

De niño recuerdo que mi casa siempre fue un lugar de muchas voces, de mucho sacrificio, de repositorio de historias, de ayuda a los demás, de curas que «gorreaban» el café pasado que preparaba mi madre, de reuniones con políticos apristas; de visitas agradables de fin de semana; viejos tíos y bonitas primas. Luego que la situación varió por las condiciones económicas, se fueron apagando las voces y surgió la soledad de los desposeídos que se esforzaban por sobrevivir; solo quedaron las amigas cucufatas de la iglesia y los curas detrás del cafecito de mamá. Muy pocos familiares nos visitaban, excepto una tía nacida en España que fugó al iniciarse la guerra civil. Aún vive, es una bella mujer con tres hijos; fue compañera permanente de mi madre.

Conversaciones con mi madre

Mi madre cosía uniformes para niñas de los colegios de Barranco. Se amanecía, pero no se quejaba, porque decía que ella misma escogió su camino y al marido que le tocó en suerte; sin embargo, se le escapaban algunas lágrimas porque sentía pena por sus hijos, por las carencias y lo difícil que les iba a ser subsistir. Por ello mi madre me apoyaba en mi propósito de estudiar y llegar a ser profesional, era su esperanza para ayudarla en el hogar y rezaba para que triunfara en la vida.

Este trato con mi madre me hizo sensible al sentimiento de tantas mujeres que sufren en la vida. Traté preferentemente con mujeres a las que aprendí a comprender, a respetar, a escuchar y aconsejar. Cuidé mucho de mi madre y de mis hermanas, defendiéndolas de todo y ante todos.

Desde los 7 años era muy observador y crítico. No soportaba el abuso. Cuando cumplí doce años, me indigné mucho al ver que mis tíos llevaban su ropa para que mi madre se las lavara a mano y sin pago alguno; solo le daban un símil de detergente (boliche) y algún comestible. Una tarde llegué del colegio y encontré una bolsa de tela conteniendo ternos de mis tíos; los tomé y los puse en la puerta de la calle y los hice llamar a todos con uno de mis primos, para que se acercaran a recoger sus trapos. Nunca más permití que utilizaran a mi madre como su lavandera.

Analizando la situación de mi familia y proyectándome, llegué a la conclusión de que no había otra solución que ser creativo y estudiar a como diera lugar. Me comprometí conmigo mismo a llegar a graduarme como profesional y ayudar a mi madre.

Mi padre ya no era parte de la solución de nuestros problemas económicos.

Cuando inicié los estudios secundarios, acompañaba a mi madre en sus noches de trabajo como costurera. Nuestras charlas las compartíamos con mis tareas escolares que con necesidad las tenía que realizar en horas de la noche y parte de la madrugada.

Como ya lo he comentado anteriormente, a duras penas podía tener uniforme y cuadernos para estudiar. Los zapatos yo mismo los remendaba. Los sábados por la tarde lavaba mi uniforme y la escasa ropa que tenía; los domingos almidonaba y planchaba. Me hice experto en planchado y lo hago hasta la actualidad, con la diferencia de que hoy tengo lavadora y plancha automática. En aquella época se lavaba a mano y se planchaba con plancha a carbón. El único jabón que existía era el de marca «Pepita» y el almidón se hacía con chuño. La plancha funcionaba a carbón, hasta que apareció la plancha de fierro que se ponía en la hornilla del primus o de la cocina a *kerosene* para calentarla. Fue un avance.

Para los domingos y feriados solo contaba con un pantalón azul y camisa blanca de manga corta, más una chompa. Cuando cursaba el quinto año de secundaria, recuerdo que mi mamá alquilaba una lavadora mecánica cuyo rodillo se giraba con el brazo para exprimir la ropa.

Con una economía doméstica paupérrima, durante la mayor parte de los años de estudios secundarios, no dispuse de libros, porque era lo más caro de los útiles escolares; como en la actualidad. Para estudiar tenía que esperar que alguno de mis buenos compañeros me prestara sus libros, después que culminaban sus tareas (8 o 9 de la noche); iba a su casa, los recogía y empezaba mis tareas a esa hora, quedándome hasta las dos de la madrugada trabajando, devolviéndole sus libros al día siguiente en el colegio.

Mi padre, que cuidaba los gastos del hogar, se molestaba porque yo consumía luz y optó por desconectar la llave de control a las 10 de la noche. Ante esto, me llené de valor y salí con un cojín para sentarme al pie del poste de iluminación pública que se encontraba cerca de la ventana de mi casa. Ahí permanecía hasta altas horas de la noche culminando mis tareas. De ello saqué una bronquitis crónica que me dejó secuelas. Mi madre sufría mucho por esto, pero no podía hacer nada ante la actitud de mi padre. Nunca le rogué nada a mi padre, no obstante que lo consideraba injusto y abusivo. Siempre lo respeté.

Hace dos años apareció una noticia en la ciudad de Trujillo, donde un organismo internacional había premiado con becas y recursos a un niño que estudiaba en la calle debajo de un poste de luz, porque no tenía sistema eléctrico en su casa. Eso mismo lo hice hace 67 años. Durante los cinco años de secundaria nunca dispuse de un libro comprado para mí; utilicé los de mis compañeros.

La fuerza que impulsó mi superación fue la admiración a otros y no la envidia. Cuando estudiaba primaria tenía en mi uniforme galones azules, al ver pasar a un estudiante de secundaria con galones rojos, lo consideraba superinteligente y aspiraba a tener esos galones. Más tarde, al ver a un estudiante universitario, mi admiración era mayúscula y qué decir de un maestro universitario. Me propuse lograr esas metas y me esforcé mucho por hacerlo hasta que las alcancé y hasta las superé años después.

A partir de las once de la noche, cuando mis hermanitos se iban a dormir, mi madre empezaba a coser con su máquina a pedales marca Singer. Yo me sentaba muy cerca en una mesita y hacía mis tareas escolares cuando teníamos luz eléctrica; si no, prendíamos velas. Conversábamos varias horas sobre las biografías de mi madre y de mi padre, así como el enfoque filosófico y cristiano que le daba mi mamá a lo que le acontecía en la vida. Decía: «yo no culpo a otro de lo que me pasa, nadie me obligó a escoger este camino; por lo tanto, no tengo a quien reclamar. Tengo que ser valiente hasta el último día de mi existencia». Conocí de cerca cómo pensaba una mujer piadosa y sumamente católica. Me hablaba de los valores humanos y del misterio del más allá. Muchas veces me quedé dormido sobre la mesita y mi madre continuaba hasta las cuatro o cinco de la madrugada para terminar un uniforme para niña, por el que cobraba cinco soles, equivalente al costo de la comida de un día.

Mi madre nunca renegaba de su vida y de su sufrimiento, agradecía a Dios por tener sus hijos sanos y buenos; siempre creyó que su destino lo había trazado el Señor. Pensaba que su vida estaba entregada a él y que estaba cumpliendo con la razón de su existencia. Creo que tenía razón, porque era una mujer ejemplar y, si existe ese Dios en quien creía, pienso que sí le escuchaba.

A continuación, transcribo algunos extractos de las múltiples conversaciones que sostuve con mi madre en las madrugadas, aunque para escribir sobre ella, tendría que hacer un libro aparte.

¿Madre, por qué eres tan tolerante?

—Mamá, siempre te he visto soportar todo y a todos, aun cuando pareciera que abusan de ti.

—No es así. Estoy convencida de que he venido a este mundo para servir por mi propia voluntad. Cada vez que doy mi amor, Dios me retribuye con sus bendiciones. Me alivia servir, es como mi alimento. Ver la felicidad reflejada en cada rostro de las personas a las que sirvo me gratifica, comparto lo que sienten, en especial aquellas que, como yo, somos católicas, hermanas de San Francisco e hijas de María (congregaciones). Sirvo en particular a los que tienen menos que yo o que demandan un poquito de amor y cariño. Mientras tenga algo, lo compartiré.

—¿No crees que hay mucha ingratitud y aquellos a quienes has servido se olvidaron de ti?

—No, porque yo no les he servido para que me recuerden, sino para que vivan mejor agradeciendo a Dios. La gratitud es y debe ser espiritual. Cuando sirvas, no esperes nada como retribución. Solo sirve cuanto puedas, así no tendrás que utilizar tu tolerancia para soportar aparentes excesos u olvidos. Servir es comprar energía divina, por eso: «sirve hasta que te duela».

¿Si Dios está entre nosotros, por qué hay más gente mala que buena en este mundo?

—Para nadie es un misterio que existe gente mala en cantidad mayor que los buenos. ¿Por qué pasa esto si Dios existe para el bien del hombre?

—Dios ha creado a todos por igual, pero cada uno optó por su propio camino. Estoy convencida de que es más fácil hacer el mal que el bien. Por eso en el Antiguo Testamento existía un Dios castigador y después de Cristo cambió a un

Dios lleno de amor. Los malos pagarán por sus pecados aquí y allá en el otro mundo. Los actos malos se graban en la genética y tarde o temprano afloran en perjuicio de los descendientes inocentes. Algunos le llaman karma familiar o social; pero todo se compensa en la vida y seguro que en el más allá. Los malos podrán «triunfar» temporalmente en la tierra y podrán ser mayoría, pero no ganarán el cielo. Dios castiga a los malos y de ello tenemos muchos ejemplos como Sodoma y Gomorra, el diluvio universal y otros.

¿Por qué la corrupción es tan dañina para la sociedad?

—Cuando tenía siete años cogí de tu gaveta de la máquina de coser veinte centavos, con los que compré melcocha y la repartí con mis hermanos Miguel y Sara. Tú me castigaste y presionaste mi dedo medio con la misma gaveta, diciéndome: «jamás toques un centavo ajeno, así sea de tu madre». Fue un castigo ejemplarizador para mí.

—A mí me dolió más, pero más me hubiese dolido si no lo hacía. Ningún hijo mío será un corrupto; prefiero que se muera de hambre. Cuando alguien toma lo ajeno o roba a los pobres, maldice a sus descendientes. Podrán vivir con dinero o poder, pero su descendencia sufrirá las consecuencias. Si un hombre le roba a otro y con ese recurso alimenta a sus hijos, los está envenenando. Si existen los pobres extremos es porque unos cuantos se apoderan de la riqueza que no es repartida equitativa y justamente en compensación a su esfuerzo; no es dinero lo que el pobre necesita, son oportunidades de trabajo y justicia.

¿Te arrepientes de traer hijos al mundo sin contar con los recursos suficientes para criarlos con lo justo y necesario?

—¿Por qué no utilizas algún medio para evitar tener más hijos?

—No, jamás me arrepentiré de tener hijos, sean pocos o muchos. Dios me los manda y los recibo con todo mi amor. Cada uno de ellos me trae la luz de nuestro Señor. Todos son fruto del amor. Jesús nació en un pesebre y sin recursos materiales. Ello no impidió que fuera el más amado de este planeta. Nunca rechazaré el nacimiento de los hijos que me mande Dios. Quiero mucho a mis hijos y lucharé por ellos hasta el día de mi muerte y, más allá de ella, los estaré protegiendo de todo mal, porque estoy segura de que Dios me concederá este deseo. Lo justo y necesario les llegará a mis hijos en su debido tiempo.

¿Por qué adoras tanto a la Virgen María?

—Desde pequeño te he visto trepada en el altar de la Virgen María limpiándolo y adornándolo con mucho fervor. ¿Qué significa esa virgen para ti?

—Esa virgen es la Inmaculada y siempre estuvo a mi lado desde niña, la sentía cuando pensaba y rezaba en las noches. Era como mi madre, a quien perdí tiernamente, ahora me brinda paz y sosiego ante mis penas y temores. En mi adolescencia no tuve a mi lado personas mayores a quienes recurrir por un consejo. Soy la mayor de mis hermanos y mi padre no siempre estuvo a mi lado. Dios era todo para mí. Por esa razón siento la necesidad de ver a la Virgen Inmaculada a diario; me satisface limpiar y adornar su altar con flores frescas que proporciona la feligresía. Hablo con ella y en mis sueños me aconseja.

¿Te arrepientes de haber formado un hogar con limitaciones?

—¿Antes de casarte pensaste que las limitaciones económicas podrían afectar tu hogar?

—No, solo tuve la ilusión de formar un hogar junto a tu padre y luchar para criar a nuestros hijos de la mejor manera. Ninguno de los dos teníamos recursos, pero tu papá trabajaba en todo lo que podía y durante los primeros años no nos fue mal. Conforme llegaron más hijos, se complicó la situación; ante lo cual decidí trabajar en mi máquina de coser y tu padre en sus negocios como comerciante. Pasamos a reconocer que formábamos parte de la gente pobre, pero honesta, con valores y de lucha. Ninguno de ustedes deja de comer lo que preparo; todos van a la escuela, van a la iglesia y siempre están con sus vestimentas limpias. De eso me encargo yo. Estoy casi segura de que, con el apoyo de nuestro Señor, todos saldremos adelante y tendré el orgullo de lograr que mis hijos sean honestos, trabajadores y que sobrevivan antes de que yo parta. Me preocupa tu hermano mayor que es enfermito y no sé cuál sería su destino si yo me muero antes que él.

¿Alguien te ha hecho algún daño en tu vida?

—Todos hemos sufrido un daño por parte de otra persona, incluso por algún familiar. ¿Te ha ocurrido eso?

—Que yo recuerde no. Todos los que he conocido me han brindado su afecto y cariño. No sé si por mí o por mi café pasado o mi sopita, pero siempre han estado conmigo. Nunca faltó gente en mi casa. Cada domingo venían mis tíos, hermanos, primos, amigos que alegraban nuestro hogar. Aquí no les dábamos otra cosa que amor y muestras de felicidad. Cuando ya no estemos, resonarán en estas paredes las risas, los halagos, las palabras de los seres con los que compartimos momentos agradables. También habrá momentos de tristeza y sufrimiento, pero que sabremos superarlos. Si alguien me hizo daño, no me di cuenta. En todo caso, quedó en la conciencia de cada uno. Todos cometemos errores.

¿Qué esperas de tus hijos y de los que vendrán?

—Estoy seguro de que, sobre la base de tu doctrina y filosofía, continuarás teniendo más hijos. ¿Qué esperas de tus hijos a futuro?

—En lo material no espero nada para mí ni para tu padre. Solo deseo que nos amen, porque es la energía que necesitamos para proseguir en esta vida hasta cumplir nuestro cometido. Que cada uno alcance sus metas y sea feliz con poco o mucho. Que eduquen a sus hijos como yo lo he tratado de hacer: con amor y valores humanos. Que me llamen de vez en cuando para escuchar sus voces. Que S entre sí y que se quieran como yo los quiero. El amor a los hijos no tiene límites ni condiciones, yo no pido nada en lo personal. Cada hijo es como es; respeto y respetaré sus decisiones, pero no seré culpable de los resultados que esas decisiones generen; pese a ello, seré siempre solidaria con todos. Quisiera tener muchos nietos para continuar gozando de la inocencia de los niños y de su tierno amor.

Milagro del beato Martín de Porres

Han pasado muchos años y hasta el momento me sigue dando vueltas una historia sobre un «milagro» que aconteció en mi hogar. Nuestra casa era propiedad de un señor apellidado Mansilla y cada mes se acercaba a cobrar la renta. Mi padre, que no tenía un flujo constante de ingresos, siempre adeudaba dos o tres meses al año. En cierta oportunidad, debíamos cuatro meses y el propietario le advirtió a mi madre que ya había judicializado el caso para nuestro pronto desahucio. Vi llorar día y noche a mi madre sin saber qué hacer. No tenía ayuda de nadie, salvo rezar.

 El santo favorito de mi madre era el beato Martín de Porres, al que la iglesia venía siguiendo su proceso de santificación. No había día en que ella no pasara largas horas rezando a dicho beato con lágrimas en los ojos. Así transcurrieron varias semanas y no llegaba notificación judicial alguna. Pasó un mes y medio y mi madre no tenía noticia del señor Mansilla ni del juez civil, por lo que decidió acercarse a la oficina del propietario; yo la acompañé. El señor Mansilla nos recibió con satisfacción y le agradeció a mi madre por haberse puesto al día, por lo que lo resuelto por el juez para el desahucio no procedió. Grande fue la sorpresa de mi madre al enterarse de lo que le dijo el señor propietario: «Un abogado elegante de tez morena me visitó y me entregó una boleta de depósito en la Caja de Consignaciones por el equivalente a los meses adeudados por usted; razón por la que solicité al juez dejar sin efecto el desalojo».

 Mi madre, sin dejar de lado su confusión y sorpresa, le agradeció al mencionado propietario dejándole saber que ella no sabía nada al respecto y que no conocía a ningún abogado. Regresamos a casa y le preguntamos a mi padre si estaba enterado del caso, respondiéndonos que desconocía todo y que él no había contratado al abogado ni efectuado pago alguno. Lo concreto fue que quedó saldada la deuda y seguimos viviendo en la casa del señor Mansilla.

Conversando con mi mamá, acordamos que era necesario averiguar qué había sucedido en realidad; para tal efecto se le comentó el caso al párroco de la iglesia, quien asumió que podía tratarse de un «milagro»; recomendando que nos acercáramos a la iglesia de Santo Domingo en Lima, congregación de donde emergió el beato Martín de Porres, para darles a conocer el tema. Fuimos a dicho convento y conversamos con el prior, quien registró el caso para las investigaciones correspondientes.

Pasaron alrededor de 18 meses y mi madre recibió la visita de un clérigo del convento de Santo Domingo, quien nos manifestó que se había investigado el caso con la testificación del señor Mansilla y de otras personas, habiéndose llegado a la conclusión de que se trataría de un posible milagro del beato Martín de Porres. Invitó a mi madre para que ratificara su declaración y leyera el informe resultante de la investigación, donde el señor Mansilla había identificado el extraordinario parecido del abogado que se le presentó con el perfil del rostro del beato. El Convento de Santo Domingo, conforme al derecho canónico y con las formalidades del caso, elevó dicho informe y declaraciones a la curia romana para que este milagro figurara dentro del proceso de santificación del beato. El 6 de mayo de 1962, el papa Juan XXIII lo elevó a santo. Tuvieron que pasar 125 años para que se santificara.

Mi paso por la masonería

Cuando tenía 23 años, tuve la oportunidad de conocer a Waldo Olivos Torrejón, fundador de la famosa óptica que llevaba su nombre. Este buen señor me presentó a la Logia Masónica Túpac Amaru N° 42 de la ciudad de Lima, creada en 1945. A esas alturas de mi vida conocía algo de la masonería y me entusiasmó ser uno de sus integrantes; me seducían los principios fundacionales de esa hermandad: «Libertad, Igualdad y Fraternidad», así como la creencia en el «Supremo Arquitecto del Universo».

A los pocos meses de mi ingreso, me sentí identificado con los ritos y los contenidos de los manuales del aprendiz y luego del compañero; logrando con rapidez escalar los dos primeros pasos. Tanto como aprendiz, como de compañero, dominaba los manuales de memoria, en conjunto con otros hermanos de mi grado. Ya habían transcurrido doce meses, cuando nos sometimos a examen para ser exaltados al grado de Maestro. Aprobamos la mayoría de los compañeros y nos comunicaron que en la próxima tenida se realizaría la ceremonia.

Habíamos logrado casi en tiempo récord escalar los dos primeros grados; sin embargo, aconteció un hecho injusto que me afectó significativamente: adelantaron la ceremonia para exaltar a dos hermanos que habían aportado una cuota extraordinaria en vísperas de las elecciones de los nuevos cuadros de la Logia, dejando al resto de lado. Si algo me molesta desde mi niñez hasta la fecha, es la injusticia y el favoritismo; motivo por el cual decidí alejarme de la hermandad y nunca más reiniciar mi trabajo masónico.

«La masonería es un sistema peculiar de moralidad ilustrado por símbolos y velado por alegorías». Busca hacer de tu vida un templo construido con valores y principios morales. Tienes que dar el ejemplo con tus actos de solidaridad y defender la verdad, ante todo. Mi retiro no significó que dejara de lado lo más valioso de aquellos valores y principios que trato de practicar y aplicar cotidianamente. Me sirvió de mucho pasar por la Logia y nutrirme de lo mejor. Lo demás no tuvo ni tendrá importancia, porque la obra humana siempre será imperfecta.

Trayectoria profesional y laboral

Empecé a trabajar formalmente en el año 1963 y continúo laborando en el ejercicio de mi profesión a mis 80 años, es decir, durante 61 años ininterrumpidos. Mi primer trabajo oficial fue de auxiliar administrativo en la recién creada Universidad Nacional «Federico Villarreal». La mayor parte de mi trayectoria ha sido en el sector público, donde alcancé los cargos de director general, secretario general, asesor de ministro y viceministro.

Quiero dejar constancia, en esta época donde cunde la corrupción, que en toda mi trayectoria laboral y profesional nunca recibí una sola sanción de la Contraloría General de la República, ni de ningún otro organismo de control administrativo, civil o penal; pese a que no estuve exento de investigación por hechos acontecidos en el entorno de mi gestión, pero sin responsabilidad alguna de mi parte.

Cargos desempeñados

Entidad	Función básica
Instituto Geológico, Minero y Metalúrgico	- Director de administración - Consultor externo
Perupetro	- Consultor externo
Agropucalá S.A.A.	- Administrador judicial
Industrial Pucalá S.A.C.	- Administrador concursal
Ministerio De Energía y Minas	- Secretario ejecutivo Carelec
Jurado Nacional de Elecciones	- Gerente general - Asesor externo
Ministerio de Energía y Minas	- Secretario general - Asesor del despacho ministerial - Encargado de Viceministerios Minas y Energía
Ministerio de la Presidencia	- Viceministro - Secretario General
Ministerio Público	- Secretario ejecutivo reforma
Poder Judicial	- Gerente general
Ministerio de Energía y Minas	- Director general de administración
Centromin Perú	- Director de Servicios de Administración - Supervisor general de personal
Ministerio de Pesquería	- Director general de administración
Contraloría General de la República	- Director de Organización y Métodos
BDO Consulting S.A.C.	- Consultor externo
Proyectos Especiales Pacífico S.A.	- Consultor externo
Universidades públicas y privadas	- Profesor de administraciuón y asesor de tesis de las Universidades San Marcos, Federico Villarreal, Católica y Ricardo Palma

Actividades y encargos especiales

- Organizador del Seminario Internacional «Innovación Aplicada al Agua y su Impacto en la Generación Hidroeléctrica».
- Organizador del I y II Congreso Internacional de Ingeniería Eléctrica y Energías No Convencionales.
- Presidente del Comité de Calidad del Jurado Nacional de Elecciones que obtuvo la certificación ISO 9001:2000.
- Presidente del Comité de Seguridad de la Información del Jurado Nacional de Elecciones, encargado de gestar la certificación ISO 27001.
- Presidente del Comité encargado de Implementar las Normas de Control Interno en el Jurado Nacional de Elecciones.
- Presidente del Comité de Gerencia y Planeamiento Estratégico del Jurado Nacional de Elecciones.
- Presidente y miembro de Comisiones de Selección de Personal del Jurado Nacional de Elecciones.
- Director del Comité de Modernización del Ministerio de Energía y Minas, encargado de proponer cambios en la normativa minero-energética.
- Encargado del despacho de viceministro de Energía del Ministerio de Energía y Minas.
- Miembro del Directorio del CAREC (Comité de Administración de los Recursos para Capacitación – Hidrocarburos), en representación del Despacho Ministerial de Energía y Minas.
- Vicepresidente de la UTE-FONAVI.
- Director Nacional de Proyectos de Prevención, Mitigación y Manejo del Fenómeno del Niño (PRES-PNUD).
- Director Nacional del Equipo Técnico de Inversión Social (ETIS) del Ministerio de la Presidencia.

- Encargado del despacho del viceministro de Infraestructura del Ministerio de la Presidencia.
- Encargado de la Secretaría Ejecutiva de Cooperación Técnica Internacional (SECTI).
- Presidente de la Comisión Especial de Procesos Administrativos para funcionarios del Ministerio de la Presidencia (CEPAF).
- Participante en la Sexta Convención de Empresas Distribuidoras Eléctricas del FONAFE.
- Representante del gobierno ante la Comisión Tripartita del Sistema de Evaluación Internacional de Procesos (PNUD – UNOPS – PRES) según el Decreto Legislativo N° 25565.
- Presidente de la Comisión encargada de la recepción del Sistema Integrado de Seguridad, transferido de la Empresa Minera Especial Tintaya S.A. al Ministerio de Energía y Minas.
- Presidente de la Comisión de Disolución y Liquidación de la Caja de Beneficios Sociales de Electrolima S.A.
- Presidente de la Comisión Liquidadora de la Subcomisión Permanente del Valle de Ilo, encargada de evaluar los daños causados por los humos de la fundición metalúrgica de la Empresa Southern Perú Copper Corporation.
- Presidente de la Comisión de Adjudicaciones del Ministerio de Energía y Minas.
- Miembro del Comité de Gestión encargado de administrar los fondos provenientes del diferencial de interés del Préstamo KFW, utilizado en la construcción de la refinería de zinc de Cajamarquilla.
- Presidente del Comité de Administración del Fondo de Asistencia y Estímulo del Ministerio de Energía y Minas.

- Miembro de la Comisión Reorganizadora del Ministerio de Energía y Minas.
- Expositor panelista en foros de las especialidades de Administración de Empresas y Realidad Nacional.
- Miembro de comisiones técnicas y de auditorías en la Contraloría General de la República.
- Miembro del Comité Ejecutivo de Adquisiciones del Ministerio de Pesquería.
- Asesor de Clasificación de Cargos del Ministerio de Pesquería.
- Profesor de Administración General, de Racionalización Administrativa y de Estudios de Postgrado en las universidades Federico Villarreal, Católica del Perú, Ricardo Palma y San Marcos.
- Profesor de grado de la Universidad Nacional Mayor de San Marcos.
- Asistente del Gabinete de Investigaciones Socio-Administrativas de la Universidad Nacional «Federico Villarreal».
- Miembro de la Comisión de Estudios Administrativos de la Corte Superior de Justicia de Lima.

Extensión profesional

- Miembro de la Comisión de Estudios Administrativos de la Corte Superior de Justicia de Lima.
- Reforma de los Organismos Electorales (JNE).
- Planeación Estratégica Situacional (PES) (JNE).
- Las Elecciones Presidenciales en América Latina (Instituto Universitario de Investigación Ortega y Gasset).
- Formación de Auditores Internos ISO 9001:2000 (LRQA) - Certificado como Auditor Interno.

- Indicadores de Calidad y Gestión (Bureau Veritas).
- Las Organizaciones Partidarias (JNE).
- Calidad en Asia Pacífico, un Proceso de Integración (SIN).
- Auditoría Administrativa (Contraloría General de la República).
- Racionalización Administrativa (Escuela Superior de Administración Pública).
- Administración por Objetivos (Instituto Peruano de Administración de Empresas).
- Relaciones Industriales (Centro Interamericano de Administración del Trabajo).
- Entorno Nacional y Manejo Empresarial (Universidad del Pacífico).
- Realidad Nacional (Universidad Católica).
- La Cultura de la Calidad (ESAN).
- Reingeniería de Procesos (ESAN).
- Estrategia de Recursos Humanos (Extensión Universitaria – University of California, Berkeley).
- El Control Presupuestal para la Mejora Continua (ESAN).
- Sistema de Gestión de la Calidad ISO 9000.

Distinciones

- Felicitación de la Contraloría General de la República por la elaboración de las Normas Específicas de Control Interno en el Ministerio de Energía y Minas (1995).
- Medalla al Mérito Nuclear en el Grado de *Átomo de Oro* otorgada por el Instituto Peruano de Energía Nuclear (1999).
- Medalla de Oro y Diploma de Honor como «Personaje Destacado del Perú» por su trayectoria e importante

desempeño profesional, otorgados por el Colegio de Periodistas de Radio y Televisión del Perú (2014).
- Medalla de Oro recibida de la Asociación Empresa Peruana del Año, en reconocimiento a su gestión en la Empresa Azucarera Industrial Pucalá S.A.C. (2015).
- Magíster en Liderazgo Estratégico en reconocimiento a su excelencia y liderazgo conduciendo con éxito empresas importantes (2016).
- Medalla del Colegio de Ingenieros del Perú y Diploma de Honor como empresario sobresaliente en la Agroindustria, en el evento denominado Empresarios Agroindustriales del Siglo XXI (2018).

Palabras finales

Sí se puede triunfar en la vida pese a la adversidad y lo he comprobado, razón por la que no acepto que el desgraciado o desposeído siga creyendo que, sintiéndose producto de la sociedad donde nació, esta resulte siendo responsable de su situación. Eres parte de la sociedad y te corresponde esforzarte y luchar para no caer en las garras de la corrupción, de las tentaciones del dinero fácil y otras debilidades humanas. He pasado por esta existencia con la satisfacción de haber logrado ser una persona normal, enfocada en el bien, y de ello doy gracias a los iluminados que conocí, a mi madre y a las personas que me amaron e hicieron las veces de maestros, dándome a conocer las múltiples caras y sellos que tiene la vida. Toma nota que practicar una religión no te convierte necesariamente en una persona moral. No esperes que tu Dios te busque; ¡búscalo tú!

En mi criterio, el pobre no nace, el pobre se hace. Es el que se deja llevar por su mente obtusa; no ve más allá de su realidad; no se valora y el miedo lo encasilla. No piensa más que en lo fácil, como vivir de la caridad sin esforzarse; sucumbe a la ociosidad y a la tentación de lo ajeno; la envidia lo hace agresivo con el que tiene. La pobreza no es sinónimo de limitación mental, ni de suciedad, abandono y lástima; tampoco de mala suerte. Naciste y ello es un milagro. La vida es un milagro y una oportunidad para demostrar quién eres.

Al terminar este libro, me estoy enterando de que 17 adolescentes de un colegio estatal de El Agustino, distrito en nivel de pobreza de Lima, han ingresado a la Universidad Nacional

«Federico Villarreal», alcanzando puntajes sobresalientes. Esto demuestra la capacidad de superación de los jóvenes, a pesar de la deficiente formación escolar.

Con las enseñanzas y amor de mis padres, aprendí a bordear los obstáculos que me puso la vida en mi camino; a no odiar a los ricos ni envidiar a los que lo tenían todo; fui autocrítico todas las noches antes de conciliar el sueño; nunca estuve totalmente satisfecho con mis logros; amé y amaré siempre a mi familia; honré a mi madre más que a mi padre; no creí ni creeré en los dogmas.

Como cualquier ser normal, tengo muchos defectos: aún no me conozco lo suficiente; soy poco tolerante con los que abusan del poder, así como con los amantes de la injusticia y de la impunidad; de los explotadores y generadores que acrecientan la miseria humana y de los falsos dioses. Solo creo en mí y soy responsable de ello; pero sí estoy consciente de la existencia del ser supremo y arquitecto del universo.

En mi narración espero haber sido claro para evitar confundir la capacidad de resistencia con la de resiliencia. La primera nos da la fortaleza para soportar una adversidad y salir bien librados de ella; sin embargo, la resiliencia es la capacidad de adaptación de un ser vivo frente a un agente perturbador o un estado o situación adversos, superándolos y obteniendo mejoras en términos de calidad humana.

Si bien no incursioné en política, sí tuve que superar condiciones adversas con visión de futuro. Trabajé para el Estado, pero no para los gobiernos de turno. No obstante, ocupar altos cargos en la Administración Pública de mi país, jamás fui procesado y sancionado por los órganos de control. Fui muy cauteloso y previsor en mi gestión y en mi carrera. Siempre guardé copias de los documentos con contenidos sensibles, que más tarde me sirvieron para demostrar la transparencia de mis actos y de mis colaboradores.

Tuve dos matrimonios, el primero en forma prematura a mi entender. Considero que me apresuré a salir de mi hogar materno para formar uno a mi medida y real entender. De ese matrimonio tengo una hija maravillosa y una nieta hermosa, que son mi orgullo. Mi exesposa es una madre y abuela muy buena. En mi segundo matrimonio no he tenido hijos biológicos, pero contribuí a la crianza de tres hijos de mi hermosa esposa. Todos bien educados y excelentes, ahora padres de familia.

En mi vida privada me equivoqué muchas veces y pequé como cualquier ser humano imperfecto; por lo consiguiente, no soy un modelo a seguir. Lo que pretendo es simplemente que las experiencias que les he transmitido en este relato les sirvan para obrar siempre con optimismo y seguridad en sí mismos, conduciendo sus vidas por la senda difícil y escabrosa; alcanzando sus metas con la satisfacción de haber servido a sus seres queridos y a la sociedad que nos cobijó, que son, según mi convicción, las razones por las que hemos llegado a este mundo.

En el transcurso de mi existencia tuve temores, amores, desasosiegos, cansancio, dudas y otros momentos donde las fuerzas decaen y el sueño te rinde; pero me levanté. Cuando sientas que tienes el dominio de tus actos sobre tus instintos; cuando te sientas dueño y responsable de lo que haces o dejas de hacer; cuando sirvas a todos sin esperar nada de nadie: habrás justificado tu existencia.

Hace muchos años me propuse hacer reír a todas las personas que conocí; aprendí a reírme de mí mismo y, en verdad, es un secreto para lograr la salud mental. Por otra parte, aprendí a valorarme como persona y a estas alturas y siendo un octogenario, sigo pensando y creyendo que «más vale morir de pie que vivir arrodillado». Nunca generes lástima ni des pena a quienes te rodeen; ten en cuenta que dentro de ti arde la chispa divina de tu Dios creador. ¡Si no lo crees, prueba y verás los resultados!

Hasta aquí llego, lo demás lo dejo para la reflexión de quien lea este relato y opine si fue la buena suerte, las oportunidades que tuve, la ayuda de quienes me rodearon, el deseo de servir a los demás, la fe en el ser supremo, el aliento de mi madre o la capacidad de resistencia y resiliencia la que me hizo lograr metas a pesar de todo lo negativo del medio que me rodeó. Si esta obra motiva a un joven para superarse y vencer la adversidad, me sentiré satisfecho.

¡¡¡Perdón y gracias a todos!!!

Lecturas recomendadas

Mario, una vida de resiliencia
(Vladimir Tlapapal)

Mis días resiliencia (Paty Silva)

Un pequeño hombre con grandes desafíos
(Gerardo A. Jaramillo Asencio)

Historias de viento y tempestad
(Norma Uribe Olvero)

Printed in Great Britain
by Amazon